아이가 주인공인 책

아이는 스스로 생각하고 성장합니다.
아이를 존중하고 가능성을 믿을 때
새로운 문제들을 스스로 해결해 나갈 수 있습니다.

길벗스쿨의 학습서는 아이가 주인공인 책입니다.
탄탄한 실력을 만드는 체계적인 학습법으로
아이의 공부 자신감을 높여줍니다.

가능성과 꿈을 응원해 주세요.
아이가 주인공인 분위기를 만들어 주고,
작은 노력과 땀방울에 큰 박수를 보내 주세요.
길벗스쿨이 자녀 교육에 힘이 되겠습니다.

영어 일기 학습 계획표

공부한 날의 날짜를 기록해보세요.

	Date	Check		Date	Check
Unit 01	/	☑	Unit 24		
Unit 02			Unit 25		
Unit 03			Unit 26		
Unit 04			Unit 27		
Unit 05			Unit 28		
Unit 06			Unit 29		
Unit 07			Unit 30		
Unit 08			Unit 31		
Unit 09			Unit 32		
Unit 10			Unit 33		
Unit 11			Unit 34		
Unit 12			Unit 35		
Unit 13			Unit 36		
Unit 14			Unit 37		
Unit 15			Unit 38		
Unit 16			Unit 39		
Unit 17			Unit 40		
Unit 18			Unit 41		
Unit 19			Unit 42		
Unit 20			Unit 43		
Unit 21			Unit 44		
Unit 22			Unit 45		
Unit 23					

기적의 영어일기

생활일기

길벗스쿨

저자 Anne Kim (luna1001@daum.net)

한양대학교에서 교육학을 전공하고 숙명여자대학교 TESOL 대학원을 졸업했습니다. 어학전문 출판사에서 십여 년 이상 영어교재를 기획·개발했고, 이후 교육현장에서 초중고 학생들을 대상으로 밀착 강의를 해오고 계십니다.
학생들의 영어학습 환경을 가까이 지켜보면서 연령과 시기에 따른 콘텐츠 선별과 적절한 학습법의 중요성을 다시금 확인하고, 초등학생들을 위한 맞춤형 콘텐츠 개발을 위해 집필 활동에 주력하고 계십니다.
지은 책으로 《초등 필수 영어표현 무작정 따라하기》, 《초등 영어 구동사 160》, 《가장 쉬운 초등 영작문 하루 4문장 쓰기》 등이 있습니다.

기적의 영어일기 : 생활일기
Miracle Series - English Diary & Writing (Daily Journal)

초판 발행 2018년 11월 26일
개정판 발행 2024년 3월 31일
개정 2쇄 발행 2024년 11월 15일

지은이 · 김지은 (Anne Kim)
발행인 · 이종원
발행처 · 길벗스쿨
출판사 등록일 · 2006년 7월 1일 | **주소** · 서울시 마포구 월드컵로 10길 56(서교동)
대표 전화 · 02)332-0931 | **팩스** · 02)323-0586
홈페이지 · www.gilbutschool.co.kr | **이메일** · gilbut@gilbut.co.kr

기획 및 책임 편집 · 김남희(sophia@gilbut.co.kr) | **본문 디자인** · 강은경 | **제작** · 손일순
영업마케팅 · 문세연, 박선경, 박다슬 | **웹마케팅** · 박달님, 이재윤, 이지수, 나혜연 | **영업관리** · 정경화 | **독자지원** · 윤정아

편집진행 및 교정 · 박송현 | **전산편집** · 연디자인 | **표지디자인** · 윤미주 | **영문 감수** · Ryan P. Lagace | **삽화** · 류은형
녹음 · 미디어코리아 | **인쇄** · 상지사 | **제본** · 상지사

ISBN 979-11-6406-713-8 (길벗스쿨 도서번호 30587)
정가 16,000원

독자의 1초를 아껴주는 정성 길벗출판사
길벗 | IT실용서, IT/일반 수험서, IT전문서, 경제실용서, 취미실용서, 건강실용서, 자녀교육서
더퀘스트 | 인문교양서, 비즈니스서
길벗이지톡 | 어학단행본, 어학수험서
길벗스쿨 | 국어학습서, 수학학습서, 유아학습서, 어학학습서, 어린이교양서, 교과서

길벗스쿨 공식 카페 〈기적의 공부방〉 · cafe.naver.com/gilbutschool
인스타그램 / 카카오플러스친구 · @gilbutschool

제 품 명 : 기적의 영어일기 : 생활일기
제조사명 : 길벗스쿨
제조국명 : 대한민국
전화번호 : 02-332-0931
주 소 : 서울시 마포구 월드컵로 10길 56 (서교동)
제조년월 : 판권에 별도 표기
사용연령 : 8세 이상
KC마크는 이 제품이 공통안전기준에 적합하였음을 의미합니다.

머리말

"매일 한 편씩 영어일기를 써 보세요.
꾸준한 일기 쓰기 습관은 영어 실력을 크게 향상시켜 줍니다"

초등학생들의 영어를 지도하면서 영어 쓰기를 어려워하는 경우를 종종 봅니다. '쓰기'는 영어의 다른 스킬과는 다르게 여러 가지 복합적인 기술을 활용할 수 있을 때 가능하기 때문에 사실 쉬운 분야는 아닙니다. 그렇다면, 우리나라처럼 일상생활에서 영어를 쓰는 일이 거의 없는 환경에서는 어떤 방법이 효과적일까요?

바로 '영어일기' 쓰기입니다. 영어일기 쓰기를 통해 내 생각을 영어로 표현하는 방법과 그 표현력을 기를 수 있어요. 일상에서 자주 쓰이는 표현을 문장으로 만들어 보면서 생활영어를 자연스럽게 습득할 수 있고, 나아가 따로 문법을 공부하지 않아도 문장의 순서, 시제와 동사 변화 등을 자연스럽게 깨우칠 수 있습니다.

영어일기를 시작할 때는 간단한 것부터 시작하는 것이 좋습니다. 처음부터 너무 어려운 표현을 쓰려고 하면 마음대로 되지 않아 습관으로 가져가기 힘듭니다. 단순한 내용을 쉬운 문장으로 표현하는 것을 시작으로 꾸준히 내용을 늘려가 보세요. 또한, 아직 문장 쓰기가 서툰 경우에는 그림일기나 빈칸 채우기로 시작하는 것도 좋습니다. 빈칸 채우기가 익숙해지면 문장 일부를 변형하면서 내가 활용할 수 있는 문장들을 차근차근 늘려가는 연습을 해보세요.

어떻게 써야 할지 막막할 때에는 다른 사람들의 일기를 참고하는 것도 도움이 됩니다. 모범 일기를 필사(copying)하면서 상황에 따른 표현 방법을 익히고, 내 일기에 적용하는 응용력도 기를 수 있어요. 내가 쓰고 싶은 상황에 필요한 어휘, 표현을 찾으면서 스스로 공부하는 좋은 습관도 길러집니다. 이 책은 초등학생들의 일기에 가장 많이 등장하는 주제 45편을 담았습니다. 잘 쓴 모범 일기에서 핵심적인 패턴 문장을 뽑아 변형 연습을 해볼 수 있도록 구성했습니다. 한 편당 세 개의 패턴을 두 달만 꾸준히 익히면 영어일기의 기초가 탄탄히 완성됩니다.

작은 변화가 큰 차이를 만든다는 말이 있습니다. 매일 꾸준히 영어일기를 쓰다 보면 어느새 영어에 자신감이 생기고 기적처럼 영어가 쉬워지는 마법을 여러분도 경험하게 되기를 바랍니다.

저자 김지은

이 책의 구성과 학습법

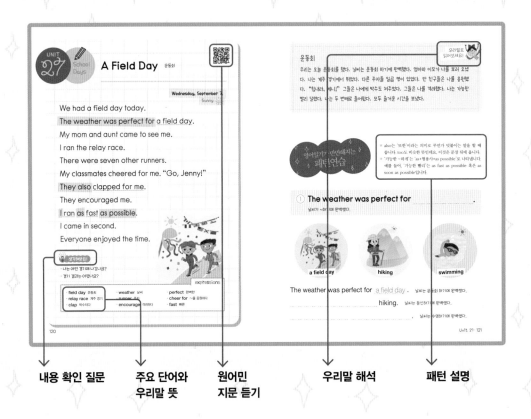

내용 확인 질문 | **주요 단어와 우리말 뜻** | **원어민 지문 듣기** | **우리말 해석** | **패턴 설명**

1단계 오늘의 일기 읽기

먼저 오늘의 일기를 읽어 보세요. 상단의 QR코드를 찍어서 원어민의 음성을 들으며 눈으로 지문을 쫓아 읽습니다. 강조 표시된 문장들은 조금 더 유의해서 보세요. 이 과정에서 내용을 대략적으로 파악해 보고 아래 '생각해봐요!'에 나온 질문의 답을 떠올려 보세요.

낯선 어휘는 하단의 표현 상자를 참고하고, 오른쪽 페이지의 우리말 해석을 통해 읽은 내용을 확인해 보세요.

2단계 중요 패턴 파악하기

일기 지문에 강조 표시된 패턴 문장들을 눈으로 확인해 봅니다. 초등학생 일기에서 많이 나오는 문장 패턴이므로 주의하여 보세요.

패턴 문장에 대한 문법 설명을 읽으면서 문장의 형태를 이해하고 의미를 파악해 보세요.

 QR코드로 듣기
스마트폰으로 QR코드를 찍으면 원어민 음성을 들을 수 있는 페이지로 이동합니다.
정답 작성 후 확인용으로 활용하세요.

 길벗스쿨 e클래스 (eclass.gilbut.co.kr)
· MP3 파일   · 정답 PDF
· 단어 워크시트
· 받아쓰기 워크시트

② They also _____. 그들은 ~도 했다.

clapped for me   jumped up and down   sang and danced

They also _clapped for me_. 그들은 나에게 박수도 쳐주었다.
_____ jumped up and down. 그들은 위 아래로 뛰기도 했다.
_____ 그들은 노래 부르고 춤도 췄다.

③ I ____ as ____ as possible. 나는 가능한 ~하게 ...했다.

ran / fast   finished my homework / soon   swung / high

I _ran_ as _fast_ as possible. 나는 가능한 빨리 달렸다.
____ finished my homework ____ soon 나는 가능한 빨리 숙제를 끝냈다.
_____ 나는 가능한 높이 그네를 탔다.

122

오늘 일기 다시 써보기

괄호 안에 있는 단어를 사용해서 오늘 배운 문장을 다시 써 보세요.
잘 기억이 나지 않으면 앞으로 돌아가 따라 써 보세요.

① 날씨는 운동회 하기에 완벽했다. (the weather, perfect)

② 나는 계주 경기에서 뛰었다. (the relay race)

③ 반 친구들은 나를 응원했다. (cheer for)

④ 그들은 나에게 박수도 쳐주었다. (clap, for)

⑤ 나는 가능한 빨리 달렸다. (as ~ as possible)

⑥ 모두 즐거운 시간을 보냈다. (enjoy, the time)

Unit 21 · 123

3단계 패턴으로 문장 만들기

각 패턴의 의미를 파악하고 원 안에 있는 이미지와
교체 표현을 활용하여 문장을 완성해 봅니다. 일기
에서 보았던 패턴 문장에 새로운 표현 두 가지를 갈
아 끼우면서 패턴의 쓰임을 정확하게 인지하고 응용
력을 키웁니다.
문장을 완성한 후 QR코드를 찍어서 원어민의 음성
으로 제대로 영작을 하였는지 확인해 봅니다.

4단계 오늘 일기 다시 써 보기

괄호 안에 있는 힌트 단어를 사용하여 오늘 일기에
서 공부했던 문장을 다시 한 번 써 봅니다. 얼마나
자신 있게 쓸 수 있는지 스스로 테스트해 보고, 잘
기억이 나지 않으면 다시 앞으로 돌아가 문장을 확
인해 보세요.
쳐다보면서 외우는 것보다 한 번 직접 써 보는 것이
훨씬 도움이 된답니다.

연습은 이렇게!

손으로 영작하기
눈으로 보기만 하면 학습 효과가 약합니다. 직접
손으로 쓰면서 패턴의 반복을 경험하고 유용한
표현들을 익히면서 나의 일상을 풍부하게
표현합니다.

입으로 영작하기
말하기 실력까지 끌어올리기 위해서는 예문을
바로 영어로 말할 수 있도록 반복해야 합니다.
원어민의 음성을 듣고 큰 소리로 반복하여 따라
읽습니다. 영어를 가리고 우리말을 영어로 바꿔
말하는 연습 또한 효과적입니다.

차례

미리 알아두기 · 10

My Family 가족

UNIT*1 내 소개를 할게. **Let Me Introduce Myself.** · 14

UNIT*2 우리 가족을 사랑해. **I Love My Family.** · 18

UNIT*3 아빠가 일찍 퇴근하셨다! **Dad Came Home Early!** · 22

UNIT*4 우리 엄마는 일등 요리사! **My Mom Is the Best Cook Ever!** · 26

UNIT*5 우리 오빠는 너무 바빠. **My Brother Is Super Busy.** · 30

Daily life 일상생활

UNIT*6 내 생일 축하해! **Happy Birthday to Me!** · 34

UNIT*7 운이 안 좋은 날 **An Unlucky Day** · 38

UNIT*8 함께 집을 청소하기 **Cleaning Our House Together** · 42

UNIT*9 나의 나쁜 습관 **My Bad Habit** · 46

UNIT*10 나는 공상 소설을 가장 좋아해.

I Like Fantasy Novels the Most. · 50

UNIT*11 나는 돈을 모아야 해. **I Need to Save Money.** · 54

UNIT*12 라면은 정말 맛있어! **Ramen Is So Tasty!** · 58

UNIT*13 외식 **Eating Out** · 62

UNIT*14 이모 댁 방문 **A Visit to My Aunt** · 66

Let's take a break!

WORD SEARCH 〈Action Verbs〉· 70

혹시 이거 알아? 〈강아지의 언어〉· 71

Pets 반려동물

UNIT ◦ 15 새 강아지를 갖게 되다! **I Have a New Dog!** · 72

UNIT ◦ 16 초코가 아팠다. **Choco Was Sick.** · 76

UNIT ◦ 17 나의 귀여운 햄스터, 미니! **My Cute Hamster, Mini!** · 80

School Days 학교생활

UNIT ◦ 18 새 학년 **A New School Year** · 84

UNIT ◦ 19 새로운 반 친구 **A New Classmate** · 88

UNIT ◦ 20 반장 선거날 **Class Election Day** · 92

UNIT ◦ 21 자리 바꾸기 **Changing Seats** · 96

UNIT ◦ 22 내가 좋은 점수를 받는다면 좋을텐데!

I Hope I Get a Good Grade! · 100

UNIT ◦ 23 동물원 현장학습 **A Field Trip to the Zoo** · 104

UNIT ◦ 24 다 잘될 거야. **Everything Will Be Okay.** · 108

UNIT ◦ 25 내가 가장 좋아하는 과목은 체육이야.

My Favorite Subject Is PE. · 112

UNIT ◦ 26 놀라운 미라 **Amazing Mummies** · 116

UNIT ◦ 27 운동회 **A Field Day** · 120

Season·Weather 계절·날씨

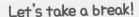

UNIT * 28	장마철 **The Rainy Season** · 124
UNIT * 29	내가 가장 좋아하는 계절 **My Favorite Season** · 128
UNIT * 30	첫 눈 **The First Snow** · 132
UNIT * 31	겨울 방학이 다가온다! **Winter Vacation Is Coming Soon!** · 136

Let's take a break!

WORD MATCH 〈Useful Phrases〉 · 140
혹시 이거 알아? 〈날씨와 관련된 재미있는 표현〉 · 141

Health & Exercise 건강, 운동

UNIT * 32	함께 축구하자! **Let's Play Soccer Together!** · 142
UNIT * 33	감기에 걸렸어. **I Caught a Cold.** · 146
UNIT * 34	배가 아팠어. **I Had a Stomachache.** · 150
UNIT * 35	나는 치통이 싫어. **I Hate Toothaches.** · 154

Interests & Hobbies 관심, 취미

UNIT * 36 놀이공원은 재밌어! **Amusement Parks Are Fun!** · 158

UNIT * 37 나는 영화 팬이야. **I'm a Movie Fan.** · 162

UNIT * 38 스마트폰 중독 **Smartphone Addiction** · 166

UNIT * 39 공원에서의 콘서트 **A Concert in the Park** · 170

UNIT * 40 키자니아 방문 **A Visit to Kidzania** · 174

UNIT * 41 나의 첫 비행 **My First Time to Fly** · 178

Special Days 특별한 날

UNIT * 42 어린이날 **Children's Day** · 182

UNIT * 43 행복한 추석 **Happy *Chuseok* Day** · 186

UNIT * 44 최고의 핼러윈 파티! **The Best Halloween Party Ever!** · 190

UNIT * 45 메리 크리스마스! **Merry Christmas!** · 194

Let's take a break!

CROSSWORD PUZZLE 〈At School〉 · 198

혹시 이거 알아? 〈재미있는 의성어〉 · 199

찾아서 바로 써먹는 영어일기 기본 표현

영어로 날짜는 어떻게 쓸까요?

2024년 3월 1일 일요일
Sunday, March 1, 2024

영어로 날짜를 쓸 때는 **요일** → **월일** → **연도** 순서를 써요. 우리말과는 다르게 개념이 작은 것부터 쓰기 때문에 순서에 주의해요.

TIP 이렇게도 쓸 수 있어요!

Sunday, March 1st , 2024

= March 1st, Sunday

= Sun, Mar. 1, 2024

요일	월	날짜

Saturday, March 17,

Sunny

날씨

	요일 Day	
월요일	**Monday (Mon.)**
화요일	**Tuesday (Tue.)**
수요일	**Wednesday (Wed.)**
목요일	**Thursday (Thu.)**
금요일	**Friday (Fri.)**
토요일	**Saturday (Sat.)**
일요일	**Sunday (Sun.)**

월
Month

1월	January (Jan.)	7월	July
2월	February (Feb.)	8월	August (Aug.)
3월	March (Mar.)	9월	September (Sep.)
4월	April (Apr.)	10월	October (Oct.)
5월	May	11월	November (Nov.)
6월	June	12월	December (Dec.)

날짜
Date

Sun	Mon	Tue	Wed	Thu	Fri	Sat
				1 1st	2 2nd	3 3rd
4 4th	5 5th	6 6th	7 7th	8 8th	9 9th	10 10th
11 11th	12 12th	13 13th	14 14th	15 15th	16 16th	17 17th
18 18th	19 19th	20 20th	21 21st	22 22nd	23 23rd	24 24th
25 25th	26 26th	27 27th	28 28th	29 29th	30 30th	31 31st

날씨
Weather

맑은	clear/fine/sunny	흐린	cloudy
시원한	cool	추운	cold
소나기	shower	습한	humid
따뜻한	warm	비 오는	rainy
바람 부는	windy	몹시 추운	freezing
천둥	thunder	건조한	dry
더운	hot	눈 오는	snowy
쌀쌀한	chilly	안개 낀	foggy
번개	lightning	황사	yellow dust

쉽게 쓰는 영어일기 4단계

 첫째 하루를 정리하며 주제(Topic)를 정해요.

오늘 있었던 일을 쭉 나열해서 쓰기보다는 인상적인 일 하나를 주제로 깊게 써 보는 연습을 해요. 일단 아침에 일어나서부터 방과 후 저녁 시간까지 어떤 일이 있었는지 순서대로 하루를 정리하다 보면 가장 쓰고 싶은 일이 떠오를 거예요. 그 일에 대해 내 생각이나 의견을 쓰는 연습을 해보는 겁니다. 또한 영화나 책 등을 보고 난 후에 느낌이나 소설, 만화 속 인물 혹은 주변 사람들이나 반려동물들을 자세히 묘사해 볼 수 있습니다.

둘째 주제와 관련된 어휘(Words)와 표현을 생각해 봐요.

일기 주제가 정해지면 관련 표현을 생각해 봅니다. 이때 마인드맵을 이용하여 주제를 쓰고 주제와 관련된 어휘와 표현을 생각나는 대로 써 볼 수 있어요. 아이디어를 스케치하는 훈련을 하고 영어로 옮기면 영작이 더 쉬워집니다. 생각을 글로 쓰기 전에 표나 그림으로 정리하면 좋아요.

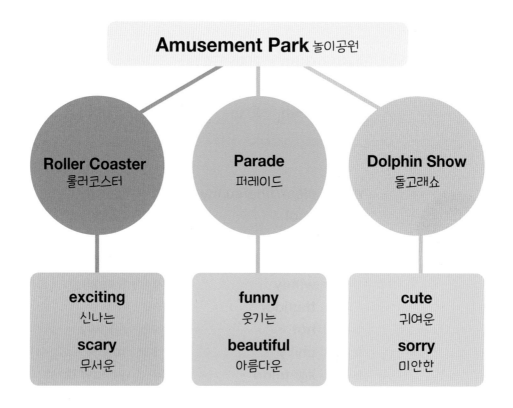

셋째 일어난 일들에 대하여 써 봐요.

관련 표현까지 다 떠올려 봤다면 제목을 만들고 뒷받침하는 문장에 살을 붙여 써 봅니다. 먼저 기억에 남는 장소를 떠올려 보세요. 그곳에서 어떤 일이 있었는지 생각하다 보면 주제가 다양한 생활 일기를 쓸 수 있습니다. 처음에는 길게 쓰기보다는 간단하고 명료하게 씁니다. 한 문장에 하나의 생각을 담는 것부터 시작해 보세요.

 넷째 느낌(Feeling)이나 의견(Opinion)을 솔직하게 써요.

오늘 있었던 일에 대한 내용을 다 썼다면 자신의 느낌이나 그에 대한 생각을 쓰는 것으로 마무리해요. 영어일기도 한글로 쓰는 일기와 똑같이 자신의 생각을 있는 그대로 표현하는 것이 가장 중요해요. 나의 마음 속 생각을 자신 있게 써 보세요.

생각이나 느낌을 표현하는 말들

It was really fun. 정말 재미있었어.

I feel sad **because he is busy.** 그가 바빠서 나는 슬퍼.

I was so happy. 나는 정말 행복했어.

It was a wonderful **night.** 정말 멋진 밤이었어.

It was touching. 감동적이었어.

I was so mad. 나는 정말 화가 났어.

I was so happy **that I almost cried.** 나는 너무 행복해서 거의 울 뻔했어.

I was so excited. 나는 정말 신났어.

I am worried **about him.** 나는 그가 정말 걱정돼.

I can't believe **it!** 나는 믿을 수가 없어!

Let Me Introduce Myself. 내 소개를 할게.

Saturday, March 17,
Sunny

Dear Diary,

Nice to meet you, Diary!

My name is Julia, and I am 10 years old.

I live in Seoul, South Korea.

I go to Yangdo Elementary School.

I am in the fifth grade.

My hobby is reading comics.

I will tell you about my

everyday life.

See you again tomorrow!

Hi!

 생각해봐요!

· 줄리아의 자기 소개에는 어떤 내용이 있나요?
· 줄리아의 취미는 무엇인가요?

expressions

· **Dear** ~에게	· **Nice to meet you.** 만나서 반가워.	· **live** 살다
· **fifth** 다섯 번째	· **grade** 학년	· **hobby** 취미
· **comics** 만화책	· **tell A about B** A에게 B에 대해 말하다	· **tomorrow** 내일

내 소개를 할게.

일기장에게, 만나서 반가워 일기장아! 내 이름은 줄리아이고, 10살이야. 나는 대한민국 서울에 살고 있어. 나는 양도 초등학교에 다녀. 나는 5학년이야. 내 취미는 만화책을 읽는 거야. 나의 일상생활에 대해 네게 얘기해 줄게. 내일 또 만나자!

★ '나는 ~살이다'는 'be동사+숫자+years old'로 표현해요. 2살 이상은 year 뒤에 -s를 붙여 years로 나타냅니다.

★ '내 취미는 ~(하는 것)이다'는 'My hobby is+동명사/명사'로 표현해요. 동명사는 동사원형에 -ing를 붙여서 명사처럼 쓰는 것을 말합니다.

① **I am** _____ **years old.** 나는 ~살이다.

ten(10)

nine(9)

twelve(12)

I am _10_ **years old.** 나는 10살이다.

_____ 9 _____. 나는 9살이다.

_____. 나는 12살이다.

② **I live in** _____. 나는 ~에 산다.

Seoul, South Korea

Paris, France

New York, USA

I live in Seoul, South Korea . 나는 대한민국 서울에 산다.

_____ Paris, France. 나는 프랑스 파리에 산다.

_____. 나는 미국 뉴욕에 산다.

③ **My hobby is** _____. 내 취미는 ~하는 것이다.

singing

playing computer games

reading books

My hobby is singing . 내 취미는 노래를 부르는 것이다.

_____ playing computer games. 내 취미는 컴퓨터 게임이다.

_____. 내 취미는 책을 읽는 것이다.

16

괄호 안에 있는 단어를 사용해서 오늘 배운 문장을 다시 써 보세요.
잘 기억이 나지 않으면 앞으로 돌아가 따라 써 보세요.

① 내 소개를 할게. (let, introduce, myself)

_____
_____

② 만나서 반가워. (nice, meet)

_____
_____

③ 나는 10살이야. (years old)

_____
_____

④ 나는 대한민국 서울에 살고 있어. (live in)

_____
_____

⑤ 나는 5학년이야. (be in the fifth grade)

_____
_____

⑥ 내 취미는 만화책을 읽는 거야. (hobby, read comics)

_____
_____

I Love My Family.

우리 가족을 사랑해.

Friday, April 13,
Sunny

There are four people in my family.

My dad is a firefighter.

He is always busy.

My mom is a math teacher.

She is very smart and fun.

My brother is a middle school student.

He is good at playing the guitar.

I am the youngest in my family.

I love my family very much.

 생각해봐요!

· 나의 가족에는 누가있나요?

· 나의 아빠와 엄마의 직업은 무엇인가요?

expressions

· **people** 사람들　　· **always** 항상　　· **busy** 바쁜
· **smart** 똑똑한　　· **fun** 재미있는　　· **middle school student** 중학생
· **play the guitar** 기타를 연주하다　　· **the youngest** 가장 어린

우리 가족을 사랑해.

우리 가족은 네 명이다. 아빠는 소방관이다. 그는 항상 바쁘다. 엄마는 수학 선생님이다. 그녀는 아주 똑똑하고 재미있다. 오빠는 중학생이다. 그는 기타를 연주하는 것을 잘한다. 나는 우리 가족에서 막내이다. 나는 우리 가족을 정말 사랑한다.

영어일기가 만만해지는
패턴연습

★ 직업이나 성격을 표현할 때 'be동사+직업을 나타내는 명사/성격을 나타내는 형용사'를 씁니다. be동사는 주어에 따라 알맞게 쓰면 되는데, 주어가 I일 때는 am, he/she일 때는 is, you/they/we일 때는 are을 씁니다.
★ '~을 잘하다'는 'be good at+동명사(동사원형+-ing)'를 써서 표현해요.

① **My dad is** _____ .　　우리 아빠는 (직업)~이다.

a firefighter　　**a banker**　　**an office worker**

My dad is _a firefighter_ .　　우리 아빠는 소방관이다.

_____ **a banker.**　　우리 아빠는 은행원이다.

_____ .　　우리 아빠는 회사원이다.

② **She is very** _____ . 그녀는 아주 (성격)~해.

smart

kind / nice / friendly

fun

She is very smart . 그녀는 아주 똑똑해.

_____ kind / nice / friendly. 그녀는 아주 친절해.

_____ . 그녀는 아주 재미있다.

③ **He is good at** _____ . 그는 ~을 잘해.

playing the guitar

singing

speaking English

He is good at playing the guitar . 그는 기타 연주하는 것을 잘해.

_____ singing. 그는 노래 부르는 것을 잘해.

_____ . 그는 영어로 말하는 것을 잘해.

20

괄호 안에 있는 단어를 사용해서 오늘 배운 문장을 다시 써 보세요.
잘 기억이 나지 않으면 앞으로 돌아가 따라 써 보세요.

① 우리 가족은 네 명이다. (there, people, in)

_____

_____

② 아빠는 소방관이다. (a firefighter)

_____

_____

③ 그는 항상 바쁘다. (busy)

_____

_____

④ 오빠는 중학생이다. (a middle school student)

_____

_____

⑤ 그는 기타 연주하는 것을 잘한다. (be good at, play the guitar)

_____

_____

⑥ 나는 우리 가족에서 막내이다. (the youngest)

_____

_____

Dad Came Home Early! 아빠가 일찍 퇴근하셨다!

Tuesday, February 24,
Cool

My dad works at a bank.

He is always busy.

Surprisingly, he came home early today.

Dad took me to the park.

We played soccer together.

It was really fun.

I want to play with him every day.

 생각해봐요!

· 아빠의 직업은 무엇인가요?
· 나는 아빠와 어디에 가서 무엇을 했나요?

expressions

· **work at** ~에서 일하다	· **bank** 은행	· **busy** 바쁜
· **surprisingly** 놀랍게도	· **come home** 집에 오다	· **early** 일찍
· **take A to B** A를 B에 데려가다	· **play soccer** 축구를 하다	· **together** 함께

아빠가 일찍 퇴근하셨다!

아빠는 은행에서 일하신다. 그는 항상 바쁘다. 놀랍게도 오늘 아빠가 일찍 집에 오셨다. 아빠는 나를 공원에 데려가셨다. 우리는 함께 축구를 했다. 정말 재미있었다. 나는 매일 아빠랑 같이 놀고 싶다.

영어일기가 만만해지는
패턴연습

★ '~에서 일하다'는 'work at + 직장/장소'로 표현해요.
★ 과거에 했던 일은 동사의 과거형을 써서 나타내야 해요. 일반적으로 동사에 -ed를 붙이는데요, take나 read처럼 불규칙하게 변하는 동사도 있어요. (play-played, take-took, read[ri:d]-read[red])

① My dad works at _____ .
아빠는 ~에서 일하셔.

a bank

a hospital

a department store

My dad works at a bank .   아빠는 은행에서 일하셔.

_____ a hospital.   아빠는 병원에서 일하셔.

_____ .   아빠는 백화점에서 일하셔.

② **Dad took me to** _____.

아빠는 나를 ~에 데려가셨다.

the park

the library

the pet café

Dad took me to the park . 아빠는 나를 공원에 데려가셨다.

_____ the library. 아빠는 나를 도서관에 데려가셨다.

_____. 아빠는 나를 반려동물 카페에 데려가셨다.

③ **We** _____ **together.** 우리는 함께 ~을 했다.

played soccer

read books

went hiking

We played soccer together. 우리는 함께 축구를 했다.

_____ read books _____. 우리는 함께 책을 읽었다.

_____. 우리는 함께 등산을 했다.

24

① 아빠는 은행에서 일하신다. (work at)

_____

_____

② 놀랍게도 오늘 그는 일찍 집에 오셨다. (surprisingly, come home)

_____

_____

③ 아빠는 나를 공원에 데려가셨다. (take A to B)

_____

_____

④ 우리는 함께 축구를 했다. (play soccer)

_____

_____

⑤ 정말 재미있었다. (it, fun)

_____

_____

⑥ 나는 그와 매일 놀고 싶다. (want to, play, every day)

_____

_____

My Mom Is the Best Cook Ever!

우리 엄마는 일등 요리사!

Tuesday, January 19,
Windy

My mom is good at cooking.

My favorite food is *Tteokbokki*.

Today, I brought Anna to my house.

Anna and I were hungry.

My mom made *Tteokbokki* for us.

It was spicy, but yummy.

Anna said, "Wow, it is really delicious."

We both ate one more bowl of it.

My mom is a good cook!

 생각해봐요!

· 엄마는 어떤 음식을 만들어 주셨나요?

· 그 음식의 맛은 어땠나요?

expressions

· **cook** 요리를 하다, 요리사	· **favorite** 가장 좋아하는	· **bring A to B** A를 B에 데려오다
· **hungry** 배가 고픈	· **make** 만들다(-made)	· **spicy** 매운
· **yummy** 맛있는	· **delicious** 맛있는	· **bowl** 그릇

우리 엄마는 일등 요리사!

엄마는 요리를 잘하신다. 내가 가장 좋아하는 음식은 떡볶이다. 오늘 나는 안나를 집에 데려왔다. 안나와 나는 배가 고팠다. 엄마는 우리에게 떡볶이를 만들어 주셨다. 그것은 매웠지만 맛있었다. 안나는 "우와, 이거 정말 맛있어." 라고 말했다. 우리 둘 다 한 그릇을 더 먹었다. 엄마는 훌륭한 요리사이다!

영어일기가 만만해지는 패턴연습

★ 가장 좋아하는 것을 표현할 때는 'My favorite+명사(음식, 과목, 운동 등)+be동사'를 씁니다.
★ '어떤 음식이 맵다, 달다' 등 맛을 나타낼 때는 'It is+맛을 나타내는 형용사'를 씁니다. 과거의 일이면 be동사 was를 씁니다.

① My favorite food is _____.
내가 가장 좋아하는 음식은 ~이다.

Tteokbokki

chicken

pizza

My favorite food is _Tteokbokki_. 내가 가장 좋아하는 음식은 떡볶이다.

_____ chicken. 내가 가장 좋아하는 음식은 치킨이다.

_____. 내가 가장 좋아하는 음식은 피자이다.

② **It was** _____ . 그것은 (맛이)~했다.

spicy

sweet

sour

It was spicy . 그것은 매웠다.

_____ sweet. 그것은 달았다.

_____ . 그것은 시었다.

③ **My mom is a good** _____ .
엄마는 훌륭한 ~이다.

cook

singer

dancer

My mom is a good cook . 엄마는 훌륭한 요리사이다.

_____ singer. 엄마는 훌륭한 가수이다.

_____ . 엄마는 훌륭한 무용수이다.

괄호 안에 있는 단어를 사용해서 오늘 배운 문장을 다시 써 보세요.
잘 기억이 나지 않으면 앞으로 돌아가 따라 써 보세요.

① 엄마는 요리를 잘하신다. (be good at)

② 내가 가장 좋아하는 음식은 떡볶이다. (favorite, *Tteokbokki*)

③ 오늘 나는 안나를 집에 데려왔다. (Anna, bring A to B)

④ 안나와 나는 배가 고팠다. (hungry)

⑤ 그것은 매웠지만 맛있었다. (spicy, yummy)

⑥ 엄마는 훌륭한 요리사이다! (good, cook)

My Brother Is Super Busy.
우리 오빠는 너무 바빠.

Thursday, February 4,
Windy

I have a brother.

He is 4 years older than I am.

He can speak English very well.

He teaches me English on Sundays.

It is really interesting.

These days, he doesn't have much free time.

He always comes home late.

I feel sad because he is busy.

 생각해봐요!

· 오빠는 무엇을 잘하나요?

· 나는 왜 슬픈가요?

expressions

· **than** ~보다	· **speak** 말하다	· **teach** 가르치다
· **interesting** 흥미로운, 재미있는	· **these days** 요즘에	· **free time** 자유시간
· **always** 항상	· **late** 늦게	· **sad** 슬픈

우리 오빠는 너무 바빠.

나는 오빠가 한 명 있다. 그는 나보다 네 살이 많다. 그는 영어를 아주 잘 말할 수 있다. 그는 일요일마다 나에게 영어를 가르쳐준다. 그것은 정말 재미있다. 요즘에 오빠는 자유시간이 별로 없다. 그는 항상 늦게 집에 돌아온다. 나는 오빠가 바빠서 슬프다.

영어일기가 만만해지는 패턴연습

★ '~을 할 수 있다'는 'can+동사원형'으로 표현해요. 조동사 can은 주어에 따라 형태가 변하지 않기 때문에 -s를 붙여서 cans로 쓰지 않아요.
★ '나는 (기분이) ~하다'는 'I feel+형용사'로 표현해요.

① **I have** _____ . 나는 (가족)~이 있다.

a brother

a sister

an uncle

I have a brother .   나는 오빠가 한 명 있다.

_____ a sister.   나는 언니가 한 명 있다.

_____ .   나는 삼촌이 한 명 있다.

② He can _____ very well.

그는 ~을 아주 잘할 수 있다.

speak English

dance

snowboard

He can _speak English_ very well.　그는 영어를 아주 잘 말할 수 있다.

_____ dance _____ .　그는 춤을 아주 잘 출 수 있다.

_____ .　그는 스노우보드를 아주 잘 탈 수 있다.

③ I feel _____ .　나는 (기분)~하다.

sad

happy

excited

I feel _sad_ .　나는 슬프다.

_____ happy.　나는 행복하다.

_____ .　나는 신난다.

괄호 안에 있는 단어를 사용해서 오늘 배운 문장을 다시 써 보세요.
잘 기억이 나지 않으면 앞으로 돌아가 따라 써 보세요.

① 나는 오빠가 한 명 있다. (have, brother)

② 그는 나보다 네 살이 많다. (4 years, older than)

③ 그는 영어를 아주 잘 말할 수 있다. (speak English, very well)

④ 그는 일요일마다 나에게 영어를 가르쳐준다. (teach, on Sundays)

⑤ 그것은 정말 재미있다. (really, interesting)

⑥ 나는 그가 바빠서 슬프다. (feel, because)

UNIT 6 Daily Life

Happy Birthday to Me!

내 생일 축하해!

Friday, October 1,
Foggy

Today is my birthday.

I just turned 12.

My mom threw a party for me.

I put on my new dress.

A lot of friends came to my house.

My friends gave me birthday gifts.

We ate a lot of chicken.

After lunch, we went to the playground.

I was so happy.

Congratulations!

💡 생각해봐요!

· 나의 몇 번째 생일인가요?
· 생일 파티에서 무엇을 했나요?

---

expressions

· **birthday** 생일	· **turn** (나이가) ~살이 되다	· **throw a party** 파티를 열다
· **put on** ~을 입다	· **give A B** A에게 B를 주다	· **gift** 선물
· **a lot of** 많은	· **after lunch** 점심 식사 후에	· **playground** 놀이터

34

내 생일 축하해!

오늘은 내 생일이다. 나는 이제 막 12살이 되었다. 엄마는 나를 위해 파티를 열어주셨다. 나는 새 드레스를 입었다. 많은 친구들이 우리집에 왔다. 친구들은 나에게 생일 선물을 주었다. 우리는 치킨을 많이 먹었다. 점심 식사 후에, 우리는 놀이터에 갔다. 나는 정말 행복했다.

영어일기가 만만해지는
패턴연습

★ '~을 입다'는 'put on+의류'로 표현해요. put은 과거와 현재를 나타내는 형태가 같아요. '옷을 벗다'는 take off라고 표현하는데, '벗었다'라는 과거는 took off라고 씁니다.

★ '~에 가다'는 'go to+장소'로 표현해요. '~에 갔었다'라는 과거는 'went to+장소'라고 씁니다.

① **I put on** _____. 나는 ~을 입었다.

my new dress

a new jacket

a yellow sweater

I put on _my new dress_ . 나는 새 드레스를 입었다.

_____ **a new jacket.** 나는 새 재킷을 입었다.

_____ **.** 나는 노란 스웨터를 입었다.

② **We ate a lot of** _____.

우리는 ~을 많이 먹었다.

chicken

sandwiches

hamburgers

We ate a lot of _chicken_ .   우리는 치킨을 많이 먹었다.

_____ sandwiches.   우리는 샌드위치를 많이 먹었다.

_____ .   우리는 햄버거를 많이 먹었다.

③ **We went to** _____.   우리는 ~에 갔다.

the park

the movie theater

the swimming pool

We went to _the park_ .   우리는 공원에 갔다.

_____ the movie theater.   우리는 영화관에 갔다.

_____ .   우리는 수영장에 갔다.

36

오늘 일기
다시 써 보기

괄호 안에 있는 단어를 사용해서 오늘 배운 문장을 다시 써 보세요.
잘 기억이 나지 않으면 앞으로 돌아가 따라 써 보세요.

1 오늘은 내 생일이다. (birthday)

2 나는 이제 막 12살이 되었다. (just, turn)

3 엄마는 나를 위해 파티를 열어주셨다. (throw a party, for)

4 나는 새 드레스를 입었다. (put on)

5 우리는 치킨을 많이 먹었다. (eat, a lot of)

6 우리는 놀이터에 갔다. (go to)

Unit 6 · 37

An Unlucky Day

운이 안 좋은 날

Tuesday, May 20,

Warm

I got up late today.

It was 8 o'clock in the morning.

I brushed my teeth and washed my face quickly.

I couldn't have breakfast.

I ran to school.

But I was late for school.

I left my homework at home.

On my way home, I fell down on the street.

What an unlucky day!

 생각해봐요!

· 아침에 왜 학교에 늦었나요?

· 집에 가는 길에 무슨 일이 있었나요?

expressions

· **get up** 일어나다	· **o'clock** 정각	· **brush one's teeth** 이를 닦다
· **wash one's face** 세수하다	· **quickly** 빨리	· **be late for** ~에 지각하다
· **leave** 두고 오다(-left)	· **on one's way** ~로 가는 길에	· **fall down** 넘어지다

38

운이 안 좋은 날

오늘 나는 늦게 일어났다. 아침 8시 정각이었다. 나는 빨리 이를 닦고, 세수를 했다. 나는 아침을 먹을 수 없었다. 나는 학교로 달려갔다. 하지만 학교에 지각했다. 나는 집에 숙제를 두고 왔다. 집으로 가는 길에, 나는 길에서 넘어졌다. 정말 운이 안 좋은 날이구나!

영어일기가 만만해지는 **패턴연습**

★ 시간을 표현할 때 'It is+시간'을 씁니다. 과거일 때는 be 동사 was를 써서 'It was+시간'으로 쓰면 됩니다.
★ '정말 ~하구나!'라는 감탄을 나타낼 때는 'What a[an]+형용사+명사!'로 표현해요.

① **It was** _____ . (시간) ~시였다.

8 o'clock

10:30 in the morning

11:45 a.m.

It was _8 o'clock_ . 8시 정각이었다.

_____ **10:30 in the morning.** 아침 10시 30분이었다.

_____ . 오전 11시 45분이었다.

② **I left** _____ **at home.**

나는 집에 ~를 두고 왔다.

my homework

my art supplies

my lunchbox

I left _my homework_ at home.   나는 집에 숙제를 두고 왔다.

_____ my art supplies _____.   나는 집에 미술도구를 두고 왔다.

_____.   나는 집에 도시락을 두고 왔다.

③ **What a(an)** _____ **day!**   정말 ~한 날이구나!

unlucky

lucky

busy

What an _unlucky_ day!   정말 운이 안 좋은 날이구나!

_____ a lucky _____!   정말 운이 좋은 날이구나!

_____!   정말 바쁜 날이구나!

오늘 일기
다시 써 보기

괄호 안에 있는 단어를 사용해서 오늘 배운 문장을 다시 써 보세요.
잘 기억이 나지 않으면 앞으로 돌아가 따라 써 보세요.

① 오늘 나는 늦게 일어났다. (get up late)

_____

_____

② 아침 8시 정각이었다. (it, o'clock)

_____

_____

③ 나는 아침을 먹을 수 없었다. (have breakfast)

_____

_____

④ 하지만 나는 학교에 지각했다. (be late for)

_____

_____

⑤ 나는 집에 숙제를 두고 왔다. (leave, at)

_____

_____

⑥ 정말 운이 안 좋은 날이구나! (what, unlucky)

_____

_____

Cleaning Our House Together

함께 집을 청소하기

Saturday, July 3,

Fine ☺

After dinner, my family cleaned

the house together.

I washed the dishes.

My dad vacuumed the floor.

My brother <u>took out the trash</u>.

It was hard work, but I felt <u>good</u> after.

After we cleaned the house, we went for a walk.

We saw the sunset at <u>the park</u>.

It was a wonderful night.

생각해봐요!

· 내가 맡은 일은 무엇이었나요?

· 청소를 한 후에 어디를 갔나요?

All done!

expressions

· **dinner** 저녁 식사	· **clean** 청소하다	· **wash the dishes** 설거지하다
· **vacuum** 진공청소기로 청소하다	· **take out** 가지고 나가다	· **trash** 쓰레기
· **go for a walk** 산책을 가다	· **sunset** 노을	· **wonderful** 멋진

함께 집을 청소하기

저녁 식사 후에, 우리 가족은 함께 집을 청소했다. 나는 설거지를 했다. 아빠는 진공청소기로 바닥을 청소했다. 오빠는 쓰레기를 갖다 버렸다. 힘든 일이었지만, 나중에 기분이 좋았다. 집을 청소하고 나서 우리는 산책을 나갔다. 우리는 공원에서 노을을 보았다. 멋진 저녁이었다.

영어일기가 만만해지는
패턴연습

★ 접속사 but은 '하지만'이라는 의미로 내용이 다른 두 문장을 연결할 때 씁니다.
★ 전치사 at은 '~에서'라는 의미로, 뒤에는 특정 장소를 나타내는 말이 옵니다.

① My brother _____ . 오빠는 (과거의 동작) ~했다.

took out the trash

vacuumed the floor

wiped the floor

My brother took out the trash . 오빠는 쓰레기를 갖다 버렸다.

_____ vacuumed the floor. 오빠는 진공청소기로 바닥을 청소했다.

_____ . 오빠는 바닥을 걸레질 했다.

② It was hard work, but I felt _____ after.

힘든 일이었지만, 나중에 (기분이) ~했다.

 good

 energetic

 joyful

It was hard work, but I felt _good_ after.   힘든 일이었지만, 나중에 기분이 좋았다.

_____ energetic _____.   힘든 일이었지만, 나중에 힘이 났다.

_____.

힘든 일이었지만, 나중에 즐거웠다.

③ We saw the sunset at _____.

우리는 ~에서 노을을 보았다.

 the park

 the beach

 the playground

We saw the sunset at _the park_.   우리는 공원에서 노을을 보았다.

_____ the beach.   우리는 해변에서 노을을 보았다.

_____.   우리는 놀이터에서 노을을 보았다.

44

괄호 안에 있는 단어를 사용해서 오늘 배운 문장을 다시 써 보세요.
잘 기억이 나지 않으면 앞으로 돌아가 따라 써 보세요.

① 나는 설거지를 했다. (wash the dishes)

_____
_____
_____

② 아빠는 진공청소기로 바닥을 청소했다. (vacuum, the floor)

_____
_____
_____

③ 오빠는 쓰레기를 갖다 버렸다. (take out, trash)

_____
_____
_____

④ 힘든 일이었지만, 나중에 기분이 좋았다. (hard work, after)

_____
_____
_____

⑤ 우리는 공원에서 노을을 보았다. (a sunset, at)

_____
_____
_____

⑥ 멋진 저녁이었다. (it, wonderful)

_____
_____
_____

UNIT 9 Daily Life

My Bad Habit 나의 나쁜 습관

Friday, September, 15,
Windy

I felt bad today.

I lost my umbrella.

I left it on the bus.

It was a birthday gift from Mia.

My dad was angry because I lost one

just a week ago.

What's wrong with me?

I will double-check my belongings next time.

 생각해봐요!

· 나의 나쁜 습관은 무엇인가요?

· 나는 어떤 다짐을 했나요?

expressions

· **lose** 잃어버리다(-lost)	· **umbrella** 우산	· **leave** ～을 두고 오다(-left)
· **gift** 선물	· **a week ago** 일주일 전	· **wrong** 잘못된
· **double-check** 두 번 확인하다	· **belongings** 소지품	· **next time** 다음번

나의 나쁜 습관

나는 오늘 기분이 나빴다. 나는 우산을 잃어버렸다. 나는 그것을 버스에 두고 왔다. 그것은 미아에게 받은 생일 선물이었다. 내가 바로 일주일 전에 하나를 잃어버렸기 때문에 아빠는 화가 나셨다. 난 대체 뭐가 잘못된 거지? 다음번에는 소지품을 두 번씩 확인해야지.

영어일기가 만만해지는
패턴연습

★ 이유를 설명할 때 'because+주어+동사'로 표현합니다. because는 '~때문에'라는 의미의 접속사입니다.
★ 조동사 will을 사용하여 '~할 것이다'라는 미래의 일이나 그것에 대한 의지를 나타냅니다. will 뒤에는 동사원형을 쓰면 됩니다.

 I ....   나는 (과거의 동작) ~했다.

lost my umbrella

broke my glasses

dropped a dish

I _lost my umbrella_ .   나는 우산을 잃어버렸다.

....   나는 안경을 깨뜨렸다.

....   나는 접시 하나를 떨어뜨렸다.

② **My dad was angry because I** _____ .

내가 ~했기 때문에 아빠는 화가 나셨다.

went to bed so late

was late for school

was too loud

My dad was angry because I went to bed so late .

내가 너무 늦게 자러 갔기 때문에 아빠는 화가 나셨다.

_____ **was late for school.** 내가 학교에 늦어서 아빠는 화가 나셨다.

_____ **.** 내가 너무 시끄러워서 아빠는 화가 나셨다.

③ **I will** _____ **next time.** 나는 다음번에는 ~할 것이다.

**double-check
my belongings**

help others

practice more

I will double-check my belongings next time. 나는 다음번에는 소지품을 두 번 확인할 것이다.

_____ **help others** _____ **.** 나는 다음번에는 다른 사람들을 도울 것이다.

_____ **.** 나는 다음번에는 연습을 더 할 것이다.

오늘 일기
다시 써 보기

괄호 안에 있는 단어를 사용해서 오늘 배운 문장을 다시 써 보세요.
잘 기억이 나지 않으면 앞으로 돌아가 따라 써 보세요.

① 나는 오늘 기분이 나빴다. (feel bad)

② 나는 우산을 잃어버렸다. (lose, my umbrella)

③ 나는 그것을 버스에 두고 왔다. (leave, on)

④ 그것은 미아에게 받은 생일 선물이었다. (a birthday gift, from Mia)

⑤ 내가 하나를 잃어버렸기 때문에 아빠는 화가 나셨다. (angry, because, lose)

⑥ 나는 다음번에는 소지품을 두 번 확인할 것이다. (double-check, my belongings)

UNIT 10 Daily Life

I Like Fantasy Novels the Most.

나는 공상 소설을 가장 좋아해.

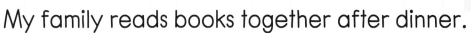

Thursday, June 19, Rainy

My family reads books together after dinner.

There is a big, long table in the living room.

I love to sit at this table and read.

I like fantasy novels the most.

Today, I read *The 13-Story Treehouse*.

It is really interesting because there are monsters in the story.

But I'm worried they might show up in my dreams.

 생각해봐요!

· 나는 어떤 장르의 책을 가장 좋아하나요?

· 내가 오늘 읽은 책의 제목은 무엇인가요?

expressions

- **living room** 거실
- **novel** 소설
- **worried** 걱정하는
- **like A the most** A를 가장 좋아하다
- **interesting** 재미있는
- **might** ~일지도 모른다
- **fantasy** 공상, 상상
- **monster** 괴물
- **show up** 나타나다

우리말로
읽어보세요!

나는 공상 소설을 가장 좋아해.

우리 가족은 저녁 식사 후에 함께 책을 읽는다. 거실에 크고 긴 탁자가 있다. 나는 이 탁자에 앉아서 읽기를 좋아한다. 나는 판타지 소설을 가장 좋아한다. 오늘, 나는 '13층 나무집'을 읽었다. 이야기에 괴물들이 나오기 때문에 그것은 정말 재미있다. 하지만 나는 그들이 내 꿈에 나올까봐 걱정된다.

영어일기가 만만해지는
패턴연습

★ 동사 like는 '좋아하다'라는 의미인데요, '~을 가장 좋아한다'를 표현하고 싶을 때 'I like+명사+the most.'를 씁니다. 'My favorite is+명사'도 같은 의미입니다.
★ '~가 있다'라고 말할 때 'There is+단수명사/There are+복수명사'를 씁니다.

① **I like** ⸺⸺⸺⸺⸺⸺ **the most.** 나는 ~을 가장 좋아한다.

fantasy novels

sci-fi novels

history books

I like fantasy novels **the most.** 나는 판타지 소설을 가장 좋아한다.

⸺⸺⸺ sci-fi novels ⸺⸺⸺. 나는 공상 과학 소설을 가장 좋아한다.

⸺⸺⸺⸺⸺⸺⸺⸺⸺. 나는 역사책을 가장 좋아한다.

② There are _____ in the story.

그 이야기에 ~가 나온다.

strange monsters

interesting plants

big castles

There are *strange monsters* in the story. 그 이야기에 이상한 괴물들이 나온다.

_____ interesting plants _____ .

그 이야기에 흥미로운 식물들이 나온다.

_____ . 그 이야기에 큰 성들이 나온다.

③ I'm worried _____ .

나는 ~할까봐 걱정된다.

they might show up in my dreams

I will miss the bus

I will not do well on the test

I'm worried *they might show up in my dreams* . 나는 그들이 내 꿈에 나올까봐 걱정된다.

_____ I will miss the bus. 나는 버스를 놓칠까봐 걱정된다.

_____ .

나는 시험에서 잘하지 못할까봐 걱정된다.

52

괄호 안에 있는 단어를 사용해서 오늘 배운 문장을 다시 써 보세요.
잘 기억이 나지 않으면 앞으로 돌아가 따라 써 보세요.

① 우리 가족은 저녁 식사 후에 책을 읽는다. (read, after dinner)

_____

_____

② 거실에 크고 긴 탁자가 있다. (there, the living room)

_____

_____

③ 나는 이 탁자에 앉아서 읽기를 좋아한다. (love to, sit)

_____

_____

④ 나는 판타지 소설을 가장 좋아한다. (like, the most)

_____

_____

⑤ 그 이야기에 괴물들이 나온다. (there, monsters)

_____

_____

⑥ 나는 그들이 내 꿈에 나올까봐 걱정된다. (be worried, might show up)

_____

_____

UNIT 11 · Daily Life

I Need to Save Money.

나는 돈을 모아야 해.

Monday, September 22,

Cool

My dad gives me 10,000 won each week.

I spent 5,000 won today.

After school, I bought a hamburger

on my way home.

However, I will try to save money.

My dad's birthday is coming.

My goal is to save 20,000 won.

I will buy a new phone case for him.

 생각해봐요!

· 나의 일주일 용돈은 얼마인가요?

· 나는 왜 돈을 모으려고 하나요?

expressions

- **give** 주다
- **buy** 사다(-bought)
- **try to** ~하려고 노력하다
- **each week** 매주
- **on one's way** ~로 가는 길에
- **save** 모으다, 아끼다
- **spend** (시간·돈을) 쓰다(-spent)
- **however** 하지만
- **goal** 목표

나는 돈을 모아야 해.

아빠는 매주 내게 만 원을 주신다. 나는 오늘 오천 원을 썼다. 방과 후에, 나는 집에 오는 길에 햄버거 하나를 샀다. 하지만, 나는 돈을 모으려고 노력할 것이다. 아빠의 생신이 다가오고 있다. 내 목표는 2만 원을 모으는 것이다. 나는 그를 위해 새 휴대전화 케이스를 살 것이다.

우리말로 읽어보세요!

영어일기가 만만해지는 패턴연습

★ '사람에게 물건을 주다'를 나타낼 때, 'give+사람+물건'으로 씁니다. 사람과 물건의 순서에 주의하세요.
★ to부정사는 'to+동사원형'의 형태인데, 명사처럼 쓰이기도 합니다. be동사 뒤에 to부정사가 오면 보어의 역할을 하는 명사처럼 쓰인 경우입니다.

① My dad gives me _____.
아빠는 내게 ~을 주신다.

10,000 won

a new watch

a basketball

My dad gives me _10,000 won_. 아빠는 내게 만 원을 주신다.

_____ a new watch. 아빠는 내게 새 시계를 주신다.

_____. 아빠는 내게 농구공을 주신다.

② I will try to save _____.

나는 ~을 아끼려고 노력할 것이다.

money

water

electricity

I will try to save ___money___.　나는 돈을 아끼려고 노력할 것이다.

_____ water.　나는 물을 아끼려고 노력할 것이다.

_____.　나는 전기를 아끼려고 노력할 것이다.

③ My goal is to _____.　내 목표는 ~하는 것이다.

save 20,000 won

lose 2 kilograms

get As

My goal is to ___save 20,000 won___.　내 목표는 2만 원을 모으는 것이다.

_____ lose 2 kilograms.　내 목표는 2kg을 빼는 것이다.

_____.　내 목표는 A들을 받는 것이다.

괄호 안에 있는 단어를 사용해서 오늘 배운 문장을 다시 써 보세요.
잘 기억이 나지 않으면 앞으로 돌아가 따라 써 보세요.

① 아빠는 내게 만 원을 주신다. (give)

_____

_____

② 나는 오늘 오천 원을 썼다. (spend)

_____

_____

③ 나는 집에 오는 길에 햄버거 하나를 샀다. (buy, on my way home)

_____

_____

④ 나는 돈을 모으려고 노력할 것이다. (try to, save)

_____

_____

⑤ 아빠의 생신이 다가오고 있다. (birthday, coming)

_____

_____

⑥ 내 목표는 2만 원을 모으는 것이다. (my goal, to save)

_____

_____

Ramen Is So Tasty!

라면은 정말 맛있어!

Thursday, January 21,
Snowy

Today, Eunmi visited my house.

We played chess together.

After a few hours, we were hungry.

We decided to make ramen ourselves.

It was very simple. First, we boiled water.

Then, we put noodles and soup powder in it.

We even put two eggs in it.

Last, our secret ingredient was

hot pepper powder.

After five minutes, it was ready.

It was delicious.

 생각해봐요!

· 친구와 무슨 요리를 했나요?

· 우리의 비법은 무엇이었나요?

expressions

· **decide** 결정하다, 결심하다
· **boil** 끓이다, 삶다
· **ingredient** 재료
· **ourselves** 우리가 직접
· **soup powder** 수프가루
· **hot pepper powder** 고춧가루
· **simple** 간단한
· **secret** 비밀의
· **delicious** 맛있는

라면은 정말 맛있어!

오늘 은미가 우리집에 놀러왔다. 우리는 함께 체스를 했다. 몇 시간 후에, 우리는 배가 고팠다. 우리는 라면을 직접 만들기로 결정했다. 그것은 정말 간단했다. 우선 우리는 물을 끓였다. 그리고서 우리는 그 안에 면과 수프가루를 넣었다. 우리는 그 안에 계란 두 개도 넣었다. 마지막으로 우리의 비밀 재료는 고춧가루였다. 5분 후에 그것은 준비되었다. 그것은 맛있었다.

영어일기가 만만해지는 패턴연습

★ decide는 '~을 결심하다'라는 의미의 동사예요. 목적어로 to부정사가 옵니다.
★ 순서를 나타낼 때, first(우선, 첫째로), then(그리고서), last(마지막으로) 등의 표현을 쓸 수 있어요.

① **We decided to make** _____ **ourselves.**

우리는 ~을 직접 만들기로 결정했다.

ramen

pasta

waffles

We decided to make _ramen_ ourselves.　　우리는 라면을 직접 만들기로 결정했다.

_____ pasta _____.　　우리는 파스타를 직접 만들기로 결정했다.

_____.　　우리는 와플을 직접 만들기로 결정했다.

② **First, we** _____ . 첫 번째로 우리는 ~을 했다.

boiled water

chopped the cabbage

mixed the flour

First, we ~boiled water~ . 첫 번째로 우리는 물을 끓였다.

_____ chopped the cabbage. 첫 번째로 우리는 양배추를 썰었다.

_____ . 첫 번째로 우리는 밀가루를 섞었다.

③ **We put** _____ **in it.** 우리는 그 안에 ~을 넣었다.

noodles and soup powder

cheese

a bottle of milk

We put ~noodles and soup powder~ in it. 우리는 그 안에 면과 수프가루를 넣었다.

_____ cheese _____ . 우리는 그 안에 치즈를 넣었다.

_____ . 우리는 그 안에 우유 한 병을 넣었다.

오늘 일기
다시 써 보기

괄호 안에 있는 단어를 사용해서 오늘 배운 문장을 다시 써 보세요.
잘 기억이 나지 않으면 앞으로 돌아가 따라 써 보세요.

① 우리는 라면을 직접 만들기로 결정했다. (decide, make, ourselves)

_____
_____
_____

② 첫 번째로 우리는 물을 끓였다. (first, boil)

_____
_____
_____

③ 그리고서 우리는 그 안에 면과 수프가루를 넣었다. (then, put, in)

_____
_____
_____

④ 우리는 그 안에 계란 두 개도 넣었다. (even, put)

_____
_____
_____

⑤ 마지막으로 우리의 비밀 재료는 고춧가루였다. (last, secret ingredient)

_____
_____
_____

⑥ 5분 후에 그것은 준비되었다. (after, ready)

_____
_____
_____

Eating Out 외식

Friday, August 11,
Hot

My dad and I went out for <u>dinner</u>.

I wanted to eat <u>a hamburger</u>.

The cheeseburger looked yummy, so I ordered it.

My mouth was watering.

The restaurant had so many people.

My dad didn't eat much.

I forgot that he doesn't like <u>fast food</u>.

I felt sorry for my dad.

Yummy!

 생각해봐요!

· 아빠와 나는 외식으로 무엇을 먹었나요?

· 나는 아빠에게 왜 미안했나요?

expressions

· **go out for** ~하러 가다	· **want** 원하다	· **yummy** 아주 맛있는
· **order** 주문하다	· **water** 군침이 돌다	· **forget** 잊어버리다(-forgot)
· **fast food** 패스트 푸드	· **feel sorry for** ~에게 미안하다, ~가 안됐다고 여기다	

외식

아빠와 나는 저녁을 먹으러 나갔다. 나는 햄버거를 먹고 싶었다. 치즈 버거가 맛있어 보여서, 나는 그것을 주문했다. 입에서 군침이 돌았다. 식당에는 아주 많은 사람들이 있었다. 아빠는 많이 드시지 않았다. 나는 그가 패스트 푸드를 좋아하지 않는다는 것을 잊어버렸다. 나는 아빠한테 미안했다.

영어일기가 만만해지는
패턴연습

★ go out for는 '~하러 가다'라는 의미가 있어요. 예를 들어, '저녁을 먹으러 가다'는 go out for dinner, '산책을 하러 가다'는 go out for a walk, '운동을 하러 가다'는 go out for exercise로 씁니다.
★ '~를 하고 싶다'는 'want to+동사원형'으로 표현합니다.

① **My dad and I went out for** _____ .
아빠와 나는 ~를 하러 갔다.

dinner

a walk

exercise

My dad and I went out for dinner .　나와 아빠는 저녁을 먹으러 나갔다.

_____ **a walk.**　나와 아빠는 산책을 하러 나갔다.

_____ .　나와 아빠는 운동을 하러 나갔다.

② **I wanted to eat** _____. 나는 ~을 먹고 싶었다.

a hamburger

rice noodles

grilled pork belly

I wanted to eat a hamburger .　나는 햄버거를 먹고 싶었다.

_____ rice noodles.　나는 쌀국수를 먹고 싶었다.

_____ .　나는 삼겹살을 먹고 싶었다.

③ **He doesn't like** _____.

그는 ~을 좋아하지 않는다.

fast food

fruit

vegetables

He doesn't like fast food .　그는 패스트 푸드를 좋아하지 않는다.

_____ fruit.　그는 과일을 좋아하지 않는다.

_____ .　그는 야채를 좋아하지 않는다.

① 아빠와 나는 저녁을 먹으러 나갔다. (go out for)

② 나는 햄버거를 먹고 싶었다. (want, eat)

③ 입에서 군침이 돌았다. (my mouth, water)

④ 식당에는 아주 많은 사람들이 있었다. (the restaurant, have)

⑤ 나는 그가 패스트 푸드를 좋아하지 않는다는 것을 잊어버렸다.
(forget, that, doesn't like)

⑥ 나는 아빠한테 미안했다. (feel sorry for)

A Visit to My Aunt

이모 댁 방문

Saturday, September 17,
Sunny

I visited <u>my aunt</u> because she moved

to a new house.

I took <u>the subway alone</u>.

<u>It took</u> <u>50</u> <u>minutes</u> by <u>subway</u>.

The subway was crowded.

I was really tired.

<u>But I gave my seat to</u> <u>an elderly man</u>.

He said, "Thank you."

I smiled at him.

It was hard to stand,

but I felt good.

 생각해봐요!

· 나는 왜 이모댁에 방문했나요?

· 지하철에서 나는 무슨 일을 했나요?

expressions

· **move** 이사가다	· **take the subway** 지하철을 타다	· **take** 시간이 걸리다(-took)
· **crowded** 붐비는	· **give one's seat to** ~에게 자리를 내주다	· **elderly** 나이든
· **say** 말하다(-said)	· **smile** 미소를 짓다	· **stand** 서다

이모 댁 방문

나는 이모 댁에 방문했는데, 그녀가 새 집으로 이사를 했기 때문이다. 나는 혼자 지하철을 탔다. 지하철로 50분이 걸렸다. 지하철은 사람들로 붐볐다. 나는 정말 피곤했다. 하지만 나는 내 자리를 할아버지에게 양보했다. 그는 "고맙구나."라고 말씀하셨다. 나는 그에게 미소를 지었다. 서있기는 힘들었지만, 기분은 좋았다.

영어일기가 만만해지는
패턴연습

★ '~를 방문하다'는 동사 visit을 써서 표현해요. visit 뒤에 방문하는 곳을 쓰면 됩니다.
★ '(교통수단)으로 (시간)~가 걸리다'는 'It takes+시간+by 교통수단'으로 표현합니다. 'It will take ~(미래)/It took ~(과거)'로 시제 변화를 할 수 있어요.

① **I visited** _____. 나는 ~에 방문했다.

my aunt

my grandmother

my uncle

I visited my aunt .   나는 이모 댁에 방문했다.

_____ my grandmother.   나는 할머니 댁에 방문했다.

_____ .   나는 삼촌 댁에 방문했다.

② It took ___ minutes ___.

(교통수단) ~로 __분이 걸렸다.

50 / by subway

20 / by bus

30 / by train

It took ___50___ minutes by subway . 지하철로 50분이 걸렸다.

_____ by bus. 버스로 20분이 걸렸다.

_____ . 기차로 30분이 걸렸다.

③ I gave my seat to ___.

나는 내 자리를 ~에게 양보했다.

an elderly man

a pregnant woman

a young kid

I gave my seat to an elderly man . 나는 내 자리를 할아버지에게 양보했다.

_____ a pregnant woman. 나는 내 자리를 임산부에게 양보했다.

_____ . 나는 내 자리를 어린 아이에게 양보했다.

괄호 안에 있는 단어를 사용해서 오늘 배운 문장을 다시 써 보세요.
잘 기억이 나지 않으면 앞으로 돌아가 따라 써 보세요.

① 나는 이모 댁에 방문했다. (visit, aunt)

_____

_____

② 나는 혼자 지하철을 탔다. (take the subway)

_____

_____

③ 지하철로 50분이 걸렸다. (take, by)

_____

_____

④ 지하철은 사람들로 붐볐다. (crowded)

_____

_____

⑤ 나는 내 자리를 할아버지에게 양보했다. (give my seat to, elderly)

_____

_____

⑥ 나는 그에게 미소를 지었다. (smile, at)

_____

_____

〈Action Verbs〉

각 그림의 동작을 나타내는 단어를 찾아 동그라미 해보고 한 번씩 써 보세요.

c ____   l ____   e ____   c ____

```
W W R N C M K C Q I
A R C L G T B G D J
L M I H H I H N E C
K M R G L R P L A Y
B K M U N E C G W U
H R V A U A D B I P
A O D L G D T A K S
K R I N C Q P A E Q
O R I R W C Q I E Q
A S Y O T W Y G O W
```

r ____   p ____   s ____   w ____

→ 정답은 200쪽에

〈강아지의 언어〉

강아지들은 사람처럼 말을 하지는 못하지만 의사소통을 하는 그들만의 몸짓이 있어요.
눈을 깜빡이는 것, 코를 핥는 것, 꼬리를 흔드는 것 등 사소한 행동 하나하나가
우리와 소통하기 위해 보내는 메시지예요.

Nervous
긴장했어요.(코 핥기)

Suspicious
의심/경계심

Respect
복종/존중

I need space.
혼자 있고 싶어요.

Happy
기분이 좋아요.

Anxious
불안해요.

Peace
편안함

Let's play!
같이 놀아요!

Curious
호기심(갸우뚱)

Pleased
환심을 사려는 태도

Angry
화가 났어요.

Stressed
짜증나요.(몸 긁기)

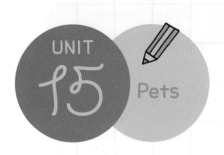

I Have a New Dog!

새 강아지를 갖게 되다!

Saturday, November 19,

Cold

Finally, my mom allowed me to get a pet.

Mom and I visited an animal rescue center.

We saw a little dog wagging its tail.

He became my dog — a schnauzer.

I named him Choco.

His tail is black.

He is incredibly cute.

He makes me smile.

We are already good friends.

💡 생각해봐요!

· 강아지에게 어떤 이름을 지어 주었나요?

· 강아지의 외모는 어떤가요?

---

expressions

· **allow A to B** A가 B하도록 허락하다	· **pet** 반려동물	· **visit** 방문하다
· **rescue center** 구조센터	· **wag** (꼬리를) 흔들다	· **name** 이름을 지어주다
· **tail** 꼬리	· **cute** 귀여운	· **already** 벌써, 이미

새 강아지를 갖게 되다!

마침내 엄마가 내게 반려동물을 키우도록 허락하셨다. 엄마와 나는 동물구조센터를 방문했다. 우리는 꼬리를 흔드는 작은 개를 보았다.

그는 슈나우저이며 나의 개가 되었다. 나는 그를 초코라고 이름을 지어주었다. 그의 꼬리는 검은색이다. 그는 믿을 수 없게 귀엽다. 그는 나를 미소짓게 한다. 우리는 벌써 좋은 친구가 되었다.

영어일기가 만만해지는
패턴연습

★ '내가 ~을 하도록 허락하다'는 'allow me to+동사원형'으로 표현해요. 과거형인 '허락했다'는 allowed로 써요.
★ '나를 ~하게 하다'는 'make me+동사원형'으로 표현합니다.

① My mom allowed me to _____.
엄마가 내가 ~하도록 허락하셨다.

get a pet

go camping

buy a new coat

My mom allowed me to get a pet . 엄마가 내가 반려동물을 키우도록 허락하셨다.

_____ go camping. 엄마가 내가 캠핑을 가도록 허락하셨다.

_____. 엄마가 내가 새 코트를 사도록 허락하셨다.

② **His** .... **is/are** .... 그의 ~는 ...하다.

tail / black

nose / gray

eyes / blue

His _tail_ is _black_ . 그의 꼬리는 검은색이다.

.... **gray.** 그의 코는 회색이다.

.... **.** 그의 눈은 파랗다.

③ **He makes me** .... 그는 나를 ~하게 만든다.

smile

cry

laugh

He makes me _smile_ . 그는 나를 미소짓게 만든다.

.... **cry.** 그는 나를 울게 만든다.

.... **.** 그는 나를 웃게 만든다.

74

괄호 안에 있는 단어를 사용해서 오늘 배운 문장을 다시 써 보세요.
잘 기억이 나지 않으면 앞으로 돌아가 따라 써 보세요.

① 엄마가 내게 반려동물을 키우도록 허락하셨다. (allow, get a pet)

_____

_____

_____

② 우리는 꼬리를 흔드는 작은 개를 보았다. (saw, wag)

_____

_____

_____

③ 나는 그에게 초코라고 이름을 지어주었다. (name, Choco)

_____

_____

_____

④ 그의 꼬리는 검은색이다. (tail, black)

_____

_____

_____

⑤ 그는 나를 미소짓게 한다 (make, smile)

_____

_____

_____

⑥ 우리는 벌써 좋은 친구이다. (already)

_____

_____

_____

Choco Was Sick. 초코가 아팠다.

Thursday, December 30,
Cloudy

My pet, Choco, looked sick today.

He didn't eat all day long.

Maybe he ate something bad yesterday.

I was worried about him.

My mom took him to the vet.

I hope he gets well soon.

I'll hug him when he comes back.

💡 생각해봐요!

· 나는 강아지가 왜 아프다고 생각하나요?

· 아픈 강아지를 어떻게 했나요?

expressions

· **look** ~처럼 보이다	· **sick** 아픈	· **eat** 먹다(-ate)
· **all day long** 하루 종일	· **maybe** 아마도	· **something** 무언가
· **worried** 걱정하는	· **vet** 수의사	· **get well** 회복하다

초코가 아팠다.

오늘 나의 반려동물 초코가 아파 보였다. 그는 온종일 먹지 않았다. 아마도 그는 어제 뭔가 잘못 먹었나 보다. 나는 그가 걱정되었다. 엄마가 그를 수의사에게 데려갔다. 나는 그가 곧 회복하기를 바란다. 집에 돌아오면 안아주어야지.

영어일기가 만만해지는
패턴연습

★ '~해 보이다'는 'look+형용사'로 표현합니다. look 뒤에 sick(아픈), tired(피곤한), excited(신나는) 등의 형용사를 쓸 수 있어요.

★ '나는 ~가 …하기를 바란다'는 'I hope+주어+동사'로 표현합니다.

① My pet, Choco, looked ＿＿＿＿＿ today.
오늘 나의 반려동물 초코가 ~해 보였다.

sick

excited

healthy

My pet, Choco, looked sick today.　오늘 나의 반려동물 초코는 아파 보였다.

＿＿＿＿＿ excited ＿＿＿＿.　오늘 나의 반려동물 초코는 신나 보였다.

＿＿＿＿＿＿＿＿＿.　오늘 나의 반려동물 초코는 건강해 보였다.

② He didn't _____ all day long.

그는 온종일 ~하지 않았다.

eat

bark

sleep

He didn't _eat_ all day long.　　그는 온종일 먹지 않았다.

_____ bark _____.　　그는 온종일 짖지 않았다.

_____.　　그는 온종일 잠을 자지 않았다.

③ I hope he _____ soon.

나는 그가 곧 ~하기를 바란다.

gets well

finishes his work

visits me

I hope he _gets well_ soon.　　나는 그가 곧 회복하기를 바란다.

_____ finishes his work soon.　　나는 그가 곧 일을 끝내기를 바란다.

_____.　　나는 그가 곧 나를 방문하기를 바란다.

괄호 안에 있는 단어를 사용해서 오늘 배운 문장을 다시 써 보세요.
잘 기억이 나지 않으면 앞으로 돌아가 따라 써 보세요.

① 오늘 나의 반려동물 초코가 아파 보였다. (look, sick)

_____

② 그는 온종일 먹지 않았다. (eat, all day long)

_____

③ 아마도 그는 어제 뭔가 잘못 먹었나 보다. (maybe, something bad)

_____

④ 나는 그가 걱정되었다. (worried about)

_____

⑤ 엄마가 그를 수의사에게 데려갔다. (take, the vet)

_____

⑥ 나는 그가 곧 회복하기를 바란다. (hope, get well, soon)

_____

괄호 안에 있는 단어를 사용해서 오늘 배운 문장을 다시 써 보세요.
잘 기억이 나지 않으면 앞으로 돌아가 따라 써 보세요.

① 우리는 오늘 반장 선거를 했다. (have, a class election)

_____
- -
_____

② 나는 새로운 반장이 되었다. (the new class president)

_____
- -
_____

③ 나는 정말 신이 났다. (excited)

_____
- -
_____

④ 그들은 내가 항상 다른 학생들을 많이 돕는다고 말했다.
(always, other students, a lot)

_____
- -
_____

⑤ 나는 그들과 좋은 친구가 되고 싶다. (I'd like to, with them)

_____
- -
_____

⑥ 나는 최선을 다할 것이다. (do one's best)

_____
- -
_____

Changing Seats 자리 바꾸기

Wednesday, March 30,
Windy

Our class changes seats every week.

We changed seats today.

We drew straws for partners.

Nana sat next to me in class.

I forgot to bring my pencils.

She lent a pencil to me.

She is really nice and friendly.

I think we will be good partners.

 생각해봐요!

· 오늘 반에서 어떤 일이 있었나요?

· 나나는 내게 무엇을 빌려주었나요?

expressions

· **change seats** 자리를 바꾸다	· **draw straws** 제비뽑기를 하다	· **partner** 짝
· **next to** ~옆에	· **forget** 잊어버리다(-forgot)	· **bring** 가져오다
· **lend** 빌려주다(-lent)	· **friendly** 친절한	· **think** 생각하다

자리 바꾸기

우리 반은 매주 자리를 바꾼다. 우리는 오늘 자리를 바꿨다. 우리는 짝을 제비뽑기 했다. 나나가 교실에서 내 옆에 앉게 되었다. 나는 연필 가져오는 걸 잊어버렸다. 그녀는 나에게 연필을 빌려주었다. 그녀는 정말 착하고 친절하다. 나는 우리가 좋은 짝이 될 거라고 생각한다.

★ 위치를 나타낼 때에는 전치사를 사용해요. next to(~옆에), near(가까이), across from(~맞은편에), far from(~에서 멀리), in front of(~앞에) 등이 있습니다.

★ '나는 ~라고 생각해'와 같이 자신의 생각을 나타낼 때 'I think+주어+동사 ~'를 쓰면 됩니다.

① **Nana sat** _____ **me in class.**
나나는 교실에서 내 ~에 앉았다.

next to

in front of

far from

Nana sat <u>next to</u> me in class.   나나는 교실에서 내 옆에 앉았다.

_____ in front of _____.   나나는 교실에서 내 앞에 앉았다.

_____.   나나는 교실에서 나와 멀리 앉았다.

② **She is really** _____ . 그녀는 정말 (성격)~해.

nice and friendly

shy and calm

active and noisy

She is really _nice and friendly_ . 그녀는 정말 착하고 친절해.

_____ **shy and calm.** 그녀는 정말 수줍음이 많고 조용해.

_____ . 그녀는 정말 활발하고 소란스러워.

③ **I think we will be** _____ .
나는 우리가 ~이 될 거라고 생각해.

good partners

a strong team

a popular band

I think we will be _good partners_ . 나는 우리가 좋은 짝이 될 거라고 생각해.

_____ **a strong team.** 나는 우리가 강한 팀이 될 거라고 생각해.

_____ . 나는 우리가 인기있는 밴드가 될 거라고 생각해.

98

괄호 안에 있는 단어를 사용해서 오늘 배운 문장을 다시 써 보세요.
잘 기억이 나지 않으면 앞으로 돌아가 따라 써 보세요.

① 우리 반은 매주 자리를 바꾼다. (change seats, every week)

② 나나는 교실에서 내 옆에 앉았다. (sit, next to)

③ 나는 연필 가져오는 것을 잊어버렸다. (forget to, bring)

④ 그녀는 나에게 연필을 빌려주었다. (lend, to)

⑤ 그녀는 정말 착하고 친절하다. (nice, friendly)

⑥ 나는 우리가 좋은 짝이 될 거라고 생각한다. (think, good partners)

UNIT 22 — School Days

I Hope I Get a Good Grade!
내가 좋은 점수를 받는다면 좋을텐데!

Friday, May 29,
Sunny

I had an English test today.

I was very nervous.

I wrote the answers carefully.

But I couldn't remember some answers.

The English test was difficult for me.

I was so upset and almost cried.

I don't think I will pass the test.

I will study harder for the next test.

 생각해봐요!

· 나는 무슨 시험을 보았나요?

· 나는 시험 볼 때 기분이 어땠나요?

expressions

· **have a test** 시험을 보다	· **nervous** 긴장한	· **write** 쓰다, 적다(-wrote)
· **answer** 답	· **carefully** 주의 깊게	· **remember** 기억하다
· **difficult** 어려운	· **almost** 거의	· **pass** 통과하다

내가 좋은 점수를 받는다면 좋을텐데!

오늘 나는 영어 시험을 보았다. 나는 정말 긴장했다. 나는 주의 깊게 정답을 썼다. 하지만 나는 답 몇 개를 기억할 수 없었다. 영어 시험이 내게는 어려웠다. 나는 너무 속상해서 거의 울 뻔했다. 나는 시험에 통과하지 못할 것 같다. 다음 시험을 위해 나는 더 열심히 공부할 것이다.

영어일기가 만만해지는 패턴연습

★ '할 수 있다'는 조동사 'can+동사원형'으로 표현하고, 부정일 때는 'cannot[can't]+동사원형'을 씁니다. 과거일 때는 could, 과거의 부정은 could not[couldn't]를 씁니다.

★ '~할 거라 생각하지 않는다'와 같이 미래의 일에 대한 부정적인 생각을 나타낼 때는 'I don't think I will~'을 씁니다.

① I _____ **carefully.**

나는 주의 깊게 (과거의 동작) ~했다.

wrote the answers

moved the table

wiped the vase

I <u>wrote the answers</u> **carefully.**   나는 주의 깊게 답을 썼다.

_____ **moved the table** _____.   나는 조심스럽게 탁자를 옮겼다.

_____.   나는 조심스럽게 꽃병을 닦았다.

② I couldn't remember _____.
나는 ~을 기억할 수 없었다.

some answers

the title of the book

the bus number

I couldn't remember some answers .   나는 답 몇 개를 기억할 수 없었다.

_____ the title of the book.   나는 그 책의 제목을 기억할 수 없었다.

_____.   나는 그 버스 번호를 기억할 수 없었다.

③ I don't think I will _____.
나는 내가 ~하지 못할 것 같다.

pass the test

arrive on time

climb to the top of the mountain

I don't think I will pass the test .   나는 시험에 통과하지 못할 것 같다.

_____ arrive on time.   나는 정시에 도착하지 못할 것 같다.

_____.

나는 내가 산 정상에 올라가지 못할 것 같다.

102

오늘 일기
다시 써 보기

괄호 안에 있는 단어를 사용해서 오늘 배운 문장을 다시 써 보세요.
잘 기억이 나지 않으면 앞으로 돌아가 따라 써 보세요.

① 오늘 나는 영어 시험을 보았다. (have, test)

_____

_____

② 나는 정말 긴장했다. (nervous)

_____

_____

③ 나는 주의 깊게 답을 썼다. (write, carefully)

_____

_____

④ 하지만 나는 답 몇 개를 기억할 수 없었다. (couldn't, remember)

_____

_____

⑤ 영어 시험이 내게는 어려웠다. (difficult, for me)

_____

_____

⑥ 나는 시험에 통과하지 못할 것 같다. (don't think, pass)

_____

_____

A Field Trip to the Zoo 동물원 현장학습

Tuesday, June 7, Hot

Today, my class went to the zoo.

We went there by bus.

The zoo is huge.

It has various animals.

A giant panda came to this zoo recently.

I shared my snacks with my friends.

I saw many animals at the zoo.

I liked the hippos the most because they were lovely.

The zoo is a fun place to visit.

 생각해봐요!

· 동물원에 새로 온 동물은 무엇이었나요?
· 내가 가장 좋아하는 동물은 무엇이었나요?

 expressions

· **field trip** 현장 학습	· **zoo** 동물원	· **huge** 거대한
· **various** 다양한	· **giant panda** 대왕 판다	· **recently** 최근에
· **share** 나누다	· **hippo** 하마	· **lovely** 사랑스러운

동물원 현장 학습

오늘 우리 반은 동물원에 갔다. 우리는 거기에 버스를 타고 갔다. 동물원은 크다. 그곳에는 다양한 동물들이 있다. 최근에 대왕 판다가 이 동물원에 왔다. 나는 친구들과 과자를 나눠 먹었다. 나는 동물원에서 많은 동물들을 봤다. 나는 하마가 제일 좋았는데, 그들은 사랑스러 웠기 때문이다. 동물원은 방문하기에 즐거운 장소이다.

우리말로 읽어보세요!

영어일기가 만만해지는
패턴연습

★ '~을 타고'라고 교통수단을 나타낼 때는 'by+교통수단'을 쓰면 됩니다. '택시를 타고'는 by taxi, '지하철을 타고'는 by subway 처럼요. 하지만 '걸어서'는 on foot임에 주의 하세요.

★ 'share A with B'는 'A를 B와 함께 나누다'라는 의미를 나 타냅니다.

① Today, my class went to _____ .
오늘 우리 반은 ~에 갔다.

the zoo

the museum

the botanical gardens

Today, my class went to the zoo .   오늘 우리 반은 동물원에 갔다.

_____ the museum.   오늘 우리 반은 박물관에 갔다.

_____ .   오늘 우리 반은 식물원에 갔다.

② We went there _____. 우리는 거기에 ~를 타고 갔다.

by bus

by subway

on foot

We went there by bus .   우리는 거기에 버스를 타고 갔다.

_____ by subway.   우리는 거기에 전철을 타고 갔다.

_____ .   우리는 거기에 걸어서 갔다.

③ I shared _____ with _____.
나는 …와 ~를 나누었다.

my snacks / my friends

cold water
/ my friends

blocks / my brother

I shared my snacks with my friends .   나는 친구들과 과자를 나누어 먹었다.

_____ cold water _____ .   나는 친구들과 시원한 물을 나누어 마셨다.

_____ .   나는 내 동생과 블록을 함께 했다.

괄호 안에 있는 단어를 사용해서 오늘 배운 문장을 다시 써 보세요.
잘 기억이 나지 않으면 앞으로 돌아가 따라 써 보세요.

① 오늘 우리 반은 동물원에 갔다. (go, the zoo)

② 우리는 거기에 버스를 타고 갔다. (there, by bus)

③ 최근에 대왕 판다가 이 동물원에 왔다. (a giant panda, recently)

④ 나는 친구들과 과자를 나눠 먹었다. (share, with)

⑤ 나는 하마가 제일 좋았는데, 그들은 사랑스러웠기 때문이다.
(the hippos, the most, because)

⑥ 동물원은 방문하기에 즐거운 장소이다. (a fun place, visit)

Everything Will Be Okay.
다 잘될 거야.

Friday, June 20, Cloudy

There was a school talent show today.

Our class prepared for the play *Cinderella* in English.

I took on the part of *Cinderella*.

Many parents came to see our show.

We were nervous behind the stage.

My teacher said,

"Don't worry! Everything will be okay."

When we finished the play, everyone clapped.

I was happy that we did a good job.

 생각해봐요!

· 우리 반은 학교 장기자랑에서 무엇을 했나요?
· 무대 뒤에서 선생님은 어떤 말씀을 하셨나요?

---

expressions

· **talent show** 장기자랑	· **prepare for** ~를 준비하다	· **play** 연극
· **part of** ~의 역할	· **show** 공연, 쇼	· **behind** ~뒤에서
· **finish** 끝내다, 마치다	· **clap** 박수를 치다	· **do a good job** 잘하다

다 잘될 거야.

오늘 학교 장기자랑이 있었다. 우리 반은 '신데렐라' 연극을 영어로 준비했다. 나는 신데렐라 역할을 맡았다. 많은 부모님들이 우리의 공연을 보러 오셨다. 우리는 무대 뒤에서 긴장을 했다. 선생님은 "걱정하지 마! 다 잘될 거야."라고 말씀하셨다. 우리가 연극을 끝냈을 때, 모두 박수를 쳤다. 나는 우리가 잘해서 기뻤다.

영어일기가 만만해지는 패턴연습

★ '~할 때'라는 동시 동작을 표현할 때 접속사 when을 씁니다. when이 이끄는 문장은 다른 문장의 앞이나 뒤에 자유롭게 올 수 있어요.

★ '~해서 기쁘다'를 표현할 때 'I'm happy that+주어+동사 ~'를 씁니다. 과거일 때는 'I was happy that+주어+과거 동사~'로 쓰면 되지요.

① **Our class prepared for** _____.
우리 반은 ~을 준비했다.

the play *Cinderella* in English

the magic show

the song *Let It Go*

Our class prepared for the play *Cinderella* in English .
우리 반은 연극 '신데렐라'를 영어로 준비했다.

_____ **the magic show.**   우리 반은 마술 쇼를 준비했다.

_____ .   우리 반은 노래 '렛잇고'를 준비했다.

② When we finished the play, everyone

_____ . 우리가 연극을 끝냈을 때, 모두 ~했다.

clapped

cheered

waved their hands

When we finished the play, everyone clapped .

우리가 연극을 끝냈을 때, 모두 박수를 쳤다.

_____ cheered.   우리가 연극을 끝냈을 때, 모두 환호성을 질렀다.

_____ .

우리가 연극을 끝냈을 때, 모두 양손을 흔들고 있었다.

③ I was happy that _____ .   나는 ~해서 기뻤다.

we did a good job

I got a bunch of flowers

I took a picture with my family

I was happy that we did a good job .   나는 우리가 잘해서 기뻤다.

_____ I got a bunch of flowers.   나는 꽃다발을 받아 기뻤다.

_____ .

나는 가족과 함께 사진을 찍어서 기뻤다.

오늘 일기
다시 써 보기

괄호 안에 있는 단어를 사용해서 오늘 배운 문장을 다시 써 보세요.
잘 기억이 나지 않으면 앞으로 돌아가 따라 써 보세요.

① 오늘 학교 장기자랑이 있었다. (there, a school talent show)

_____
_____

② 우리 반은 연극 '신데렐라'를 영어로 준비했다. (prepare for, Cinderella)

_____
_____

③ 우리는 무대 뒤에서 긴장을 했다. (nervous, behind, the stage)

_____
_____

④ 모두 다 잘될 거야. (everything, okay)

_____
_____

⑤ 우리가 연극을 끝냈을 때, 모두 박수를 쳤다. (when, finish, clap)

_____
_____

⑥ 나는 우리가 잘해서 기뻤다. (happy, a good job)

_____
_____

My Favorite Subject is PE.

내가 가장 좋아하는 과목은 체육이야.

Thursday, June 11,
Sunny

We had PE class today.

I was happy because I like PE.

We played dodgeball.

I like playing ball games.

Our team was stronger than the other team.

Soyoung was good at throwing the ball.

I was good at catching the ball.

Our team won the game.

I am looking forward to

the next PE class.

 생각해봐요!

· 오늘 체육 수업에서 무엇을 했나요?
· 나와 소영이는 각각 무엇을 잘했나요?

expressions

- **PE (Physical Education)** 체육
- **class** 수업
- **dodgeball** 피구
- **stronger** 더 강한
- **throw a ball** 공을 던지다
- **catch a ball** 공을 잡다
- **win the game** 경기에 이기다
- **look forward to** ~을 고대하다

내가 가장 좋아하는 과목은 체육이야.

오늘 우리는 체육 수업이 있었다. 나는 체육을 좋아하기 때문에 기분이 좋았다. 우리는 피구를 했다. 나는 구기 종목을 하는 것을 좋아한다. 우리 팀은 상대 팀보다 더 강했다. 소영은 공 던지기를 잘했다. 나는 공 잡기를 잘했다. 우리 팀이 이겼다. 나는 다음 체육 수업이 기다려진다.

★ '~을 좋아하다'라는 의미의 동사 like는 목적어로 to부정사나 동명사(동사원형+-ing) 둘 다 올 수 있고, 의미도 같습니다.

★ 'A는 B보다 더 …하다'로 두 대상을 비교할 때 'A is 비교급 than B'로 나타냅니다. 형용사의 비교급은 형용사에 -er을 붙이면 됩니다.

① **I like** _____ . 나는 ~하는 것을 좋아한다.

playing ball games

doing yoga

swimming

I like playing ball games .   나는 구기 종목을 하는 것을 좋아한다.

_____ **doing yoga.**   나는 요가하는 것을 좋아한다.

_____ .   나는 수영하는 것을 좋아한다.

② **Our team was** _____ **than the other team.**

우리 팀은 상대 팀보다 더 ~했다.

stronger

taller

faster

Our team was _stronger_ than the other team.   우리 팀은 상대 팀보다 더 강했다.

_____ taller _____.

우리 팀은 상대 팀보다 더 키가 컸다.

_____.   우리 팀은 상대 팀보다 더 빨랐다.

③ **I am looking forward to** _____.

나는 ~을 고대하고 있다.

the next PE class

Summer Vacation
summer vacation

meeting you

I am looking forward to _the next PE class_.   나는 다음 체육 수업을 고대하고 있다.

_____ summer vacation.   나는 여름 방학을 고대하고 있다.

_____.   나는 너를 만나기를 고대하고 있다.

114

괄호 안에 있는 단어를 사용해서 오늘 배운 문장을 다시 써 보세요.
잘 기억이 나지 않으면 앞으로 돌아가 따라 써 보세요.

① 나는 체육을 좋아하기 때문에 기분이 좋았다. (because, PE)

_____
- -
_____

② 나는 구기 종목을 하는 것을 좋아한다. (play, ball games)

_____
- -
_____

③ 우리 팀은 상대 팀보다 더 강했다. (stronger, the other team)

_____
- -
_____

④ 나는 공 잡기를 잘했다. (be good at, catch)

_____
- -
_____

⑤ 우리 팀이 이겼다. (win the game)

_____
- -
_____

⑥ 나는 다음 체육 수업을 고대하고 있다. (look forward to, next)

_____
- -
_____

Amazing Mummies

놀라운 미라

Monday, October 10,
Cool

Our class went on a field trip today.

We went to the Korean history museum.

There was a special exhibition on Egyptian treasures.

We learned about mummies.

A mummy is the dead body of a person or an animal.

They looked scary but were really amazing.

It was fun to experience the ancient world.

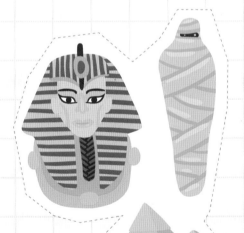

 생각해봐요!

· 우리 반은 어디로 현장 학습을 갔나요?
· 그곳에서 무엇을 봤나요?

expressions

· **museum** 박물관	· **exhibition** 전시회	· **Egyptian treasures** 이집트 보물
· **learn** 배우다	· **mummy** 미라	· **dead** 죽은
· **scary** 무서운	· **amazing** 놀라운	· **ancient** 고대의

116

놀라운 미라

오늘 우리 반은 현장 학습을 갔다. 우리는 한국역사박물관에 갔다. 그곳에서는 이집트 보물 특별 전시가 열리고 있었다. 우리는 미라에 대해 배웠다. 미라는 사람이나 동물의 죽은 몸이 다. 그것들은 무서워 보였지만 아주 놀라웠다. 고대 세계를 경험하는 것은 재미있었다.

영어일기가 만만해지는 **패턴연습**

★ '~에 대해 배우다'를 표현할 때에는 learn about 뒤에 배우는 내용을 쓰면 됩니다.

★ '~하는 것은 재밌다'는 'It is fun to+동사원형'으로 표현합니다. 이때의 It은 내용상 'to+동사원형'을 가리킵니다.

① **We went to** _____ . 우리는 ~에 갔다.

the Korean history museum

the science museum

the aquarium

We went to the Korean history museum . 우리는 한국역사박물관에 갔다.

_____ **the science museum.** 우리는 과학 박물관에 갔다.

_____ . 우리는 수족관에 갔다.

② **We learned about** _____.

우리는 ~에 대해 배웠다.

mummies

robots

making cars

We learned about _mummies_ .   우리는 미라에 대해 배웠다.

_____ robots.   우리는 로봇에 대해 배웠다.

_____ .   우리는 자동차 제작에 대해 배웠다.

③ **It was fun to** _____.   ~하는 것은 재미있었다.

experience the ancient world

visit Jeju-do

watch the movie

It was fun to _experience the ancient world_ .   고대 세계를 경험하는 것은 재미있었다.

_____ visit Jeju-do.   제주도를 방문하는 것은 재미있었다.

_____ .   그 영화를 보는 것은 재미있었다.

오늘 일기
다시 써 보기

괄호 안에 있는 단어를 사용해서 오늘 배운 문장을 다시 써 보세요.
잘 기억이 나지 않으면 앞으로 돌아가 따라 써 보세요.

① 오늘 우리 반은 현장 학습을 갔다. (go on, a field trip)

② 우리는 한국역사박물관에 갔다. (the Korean history museum)

③ 그곳에서는 이집트 보물 특별 전시가 열리고 있었다.
(a special Exhibition, on, Egyptian treasures)

④ 우리는 미라에 대해 배웠다. (learn, mummies)

⑤ 미라는 사람이나 동물의 죽은 몸이다. (dead body, of)

⑥ 고대 세계를 경험하는 것은 재미있었다. (experience, the ancient world)

A Field Day 운동회

We had a field day today.

The weather was perfect for a field day.

My mom and aunt came to see me.

I ran the relay race.

There were seven other runners.

My classmates cheered for me. "Go, Jenny!"

They also clapped for me.

They encouraged me.

I ran as fast as possible.

I came in second.

Everyone enjoyed the time.

💡 생각해봐요!

· 나는 어떤 경기에 나갔나요?

· 경기 결과는 어땠나요?

expressions

· **field day** 운동회	· **weather** 날씨	· **perfect** 완벽한
· **relay race** 계주 경기	· **runner** 주자	· **cheer for** ~을 응원하다
· **clap** 박수치다	· **encourage** 격려하다	· **fast** 빠른

운동회

우리는 오늘 운동회를 했다. 날씨는 운동회 하기에 완벽했다. 엄마와 이모가 나를 보러 오셨다. 나는 계주 경기에서 뛰었다. 다른 주자들 일곱 명이 있었다. 반 친구들은 나를 응원했다. "힘내라, 제니!" 그들은 나에게 박수도 쳐주었다. 그들은 나를 격려했다. 나는 가능한 빨리 달렸다. 나는 두 번째로 들어왔다. 모두 즐거운 시간을 보냈다.

영어일기가 만만해지는
패턴연습

★ also는 '또한'이라는 의미로 무언가 덧붙이는 말을 할 때 씁니다. too도 비슷한 뜻인데요, 이것은 문장 뒤에 옵니다.
★ '가능한 ~하게'는 'as+형용사+as possible'로 나타냅니다. 예를 들어, '가능한 빨리'는 as fast as possible 혹은 as soon as possible입니다.

① **The weather was perfect for** ＿＿＿＿＿＿＿＿＿ .

날씨가 ~하기에 완벽했다.

a field day

hiking

swimming

The weather was perfect for a field day .　　날씨는 운동회 하기에 완벽했다.

＿＿＿＿＿＿＿＿＿＿＿＿＿ hiking.　　날씨는 등산하기에 완벽했다.

＿＿＿＿＿＿＿＿＿＿＿＿＿＿ .　　날씨는 수영하기에 완벽했다.

② **They also** .... 그들은 ~도 했다.

clapped for me

**jumped
up and down**

**sang
and danced**

They also clapped for me . 그들은 나에게 박수도 쳐주었다.

.... jumped up and down. 그들은 위 아래로 뛰기도 했다.

.... 그들은 노래 부르고 춤도 췄다.

③ **I** .... **as** .... **as possible.** 나는 가능한 ~하게 ...했다.

ran / fast

**finished my homework
/ soon**

swung / high

I ran as fast as possible. 나는 가능한 빨리 달렸다.

.... finished my homework .... soon .... 나는 가능한 빨리 숙제를 끝냈다.

.... 나는 가능한 높이 그네를 탔다.

122

괄호 안에 있는 단어를 사용해서 오늘 배운 문장을 다시 써 보세요.
잘 기억이 나지 않으면 앞으로 돌아가 따라 써 보세요.

① 날씨는 운동회 하기에 완벽했다. (the weather, perfect)

② 나는 계주 경기에서 뛰었다. (the relay race)

③ 반 친구들은 나를 응원했다. (cheer for)

④ 그들은 나에게 박수도 쳐주었다. (clap, for)

⑤ 나는 가능한 빨리 달렸다. (as ~ as possible)

⑥ 모두 즐거운 시간을 보냈다. (enjoy, the time)

UNIT 28 — Seasons·Weather

The Rainy Season 장마철

Saturday, June 30,
Rainy

The rainy season has come.

It rained all day long.

I couldn't play outside with my friends.

I had to stay at home again.

I am sad when it rains.

I miss sunny days.

But the weather forecast said

it would rain tomorrow.

Oh, no!

Phew...

 생각해봐요!

· 비가 오면 나는 왜 슬플까요?

· 내일 날씨는 어떨까요?

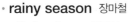

expressions

· **rainy season** 장마철	· **rain** 비가 오다	· **outside** 밖에
· **all day long** 온종일	· **stay** 머무르다, ~인 채로 있다	· **miss** 그리워하다
· **sunny** 맑은, 화창한	· **weather forecast** 일기예보	· **tomorrow** 내일

장마철

장마철이 시작되었다. 온종일 비가 왔다. 나는 친구들과 밖에서 놀 수 없었다. 나는 또 집에 있어야만 했다. 비가 올 때 나는 슬프다. 나는 맑은 날이 그립다. 하지만 일기예보는 내일 비가 올 거라고 한다. 안돼!

영어일기가 만만해지는
패턴연습

★ has come의 형태가 낯선가요? 'have+과거분사'의 형태로 과거의 일이 현재까지도 영향을 미치거나 지속되고 있음을 나타내는 현재완료형입니다. 주어가 3인칭 단수라서 has가 쓰였고, come의 과거형은 came, 과거분사형은 come입니다. 과거에 시작된 장마철이 지금까지도 지속되고 있음을 나타내는 것이죠.

① _____ **has come.** ~가 왔다.

the rainy season

the yellow dust

the last cold spell

The rainy season **has come.** 장마철이 왔다.

The yellow dust _____ . 황사가 왔다.

_____ . 꽃샘 추위가 왔다.

② I couldn't _____. 나는 ~할 수 없었다.

play outside with
my friends

ride a bicycle

go for a walk

I couldn't play outside with my friends . 나는 친구들과 밖에서 놀 수 없었다.

_____ ride a bicycle. 나는 자전거를 탈 수 없었다.

_____. 나는 산책을 하러 갈 수 없었다.

③ I am sad when _____. 나는 (날씨)~일 때 슬프다.

it rains

it snows

it's windy

I am sad when it rains . 비가 올 때 나는 슬프다.

_____ it snows. 눈이 올 때 나는 슬프다.

_____. 바람이 불 때 나는 슬프다.

괄호 안에 있는 단어를 사용해서 오늘 배운 문장을 다시 써 보세요.
잘 기억이 나지 않으면 앞으로 돌아가 따라 써 보세요.

① 장마철이 시작되었다. (the rainy season, come)

② 온종일 비가 왔다. (it, rain)

③ 나는 친구들과 밖에서 놀 수 없었다. (play outside)

④ 나는 또 집에 있어야만 했다. (have to, stay)

⑤ 비가 올 때 나는 슬프다. (when, rain)

⑥ 나는 맑은 날이 그립다. (miss, sunny)

My Favorite Season

내가 가장 좋아하는 계절

Saturday, October 14,
Cool

My favorite season is fall.

The sky is blue and beautiful.

The park is beautiful because the leaves turn red and yellow.

Plus, autumn is the best season for reading.

I see a lot of people reading books.

The library has a special reading program.

I joined the program.

This week, I am going to read five books.

 생각해봐요!

· 나는 어떤 계절을 가장 좋아하나요?
· 그 계절을 좋아하는 이유는 무엇인가요?

expressions

· **season** 계절	· **fall** 가을	· **beautiful** 아름다운
· **leaf** 나뭇잎(pl. leaves)	· **turn** 변하다	· **autumn** 가을
· **special** 특별한	· **program** 프로그램	· **join** 가입하다

내가 가장 좋아하는 계절

내가 가장 좋아하는 계절은 가을이다. 하늘은 파랗고 아름답다. 나뭇잎들이 빨간색과 노란색으로 물들기 때문에 공원은 아름답다. 게다가 가을은 책 읽기에 가장 좋은 계절이다. 나는 많은 사람들이 책을 읽는 것을 본다. 도서관에는 특별한 독서 프로그램이 있다. 나도 그 프로그램에 참여했다. 이번 주에 나는 책 다섯 권을 읽을 것이다.

영어일기가 만만해지는
패턴연습

★ 'the best+명사'는 '가장 좋은, 뛰어난 ~'라는 의미입니다. 그 뒤에 'for 동명사(동사원형+-ing)'를 붙여서 '…하기에 가장 좋은 ~'이란 의미를 나타낼 수도 있어요.
★ 동사 see는 '보다'라는 의미로 'see+목적어+목적보어'의 형태로 쓰입니다. 목적보어를 -ing의 형태로 쓰면 '능동·진행'의 의미가 되어 '목적어가 ~하고 있는 것을 보다'라는 뜻입니다.

① **My favorite season is** _____ .
내가 가장 좋아하는 계절은 ~이다.

fall

summer

spring

My favorite season is fall . 내가 가장 좋아하는 계절은 가을이다.

_____ summer. 내가 가장 좋아하는 계절은 여름이다.

_____ . 내가 가장 좋아하는 계절은 봄이다.

② _____ **is the best season for** _____ .

~은 ...하기에 가장 좋은 계절이다.

autumn / reading

summer / swimming

spring / going for a walk

Autumn is the best season for reading .   가을은 독서하기에 가장 좋은 계절이다.

Summer _____ swimming.   여름은 수영하기에 가장 좋은 계절이다.

_____ .   봄은 산책하기에 가장 좋은 계절이다.

③ **I see a lot of people** _____ .

나는 많은 사람들이 ~하는 것을 본다.

reading books

waiting for the bus

jogging in the park

I see a lot of people reading books .   나는 많은 사람들이 책을 읽는 것을 본다.

_____ waiting for the bus.

나는 많은 사람들이 버스를 기다리는 것을 본다.

_____ .   나는 많은 사람들이 공원에서 조깅하는 것을 본다.

130

괄호 안에 있는 단어를 사용해서 오늘 배운 문장을 다시 써 보세요.
잘 기억이 나지 않으면 앞으로 돌아가 따라 써 보세요.

① 내가 가장 좋아하는 계절은 가을이다. (favorite, fall)

② 나뭇잎들이 빨간색과 노란색으로 물든다. (the leaves, turn)

③ 가을은 책 읽기에 가장 좋은 계절이다. (autumn, the best season for)

④ 나는 많은 사람들이 책을 읽는 것을 본다. (see, a lot of, reading)

⑤ 도서관에는 특별한 독서 프로그램이 있다. (the library, special)

⑥ 이번 주에 나는 책 다섯 권을 읽을 것이다. (this week, be going to)

The First Snow 첫 눈

Today, we had the first snow this year.

It snowed a lot.

I wanted to make a snowman.

I put on a hat and gloves.

I helped my dad sweep the driveway.

Dad praised me, so I felt good.

After school, I made a big snowman

with my classmates.

It was freezing cold.

But we had a good time.

 생각해봐요!

· 나는 아빠와 무엇을 했나요?
· 나는 반 친구들과 무엇을 했나요?

expressions

· **the first snow** 첫 눈	· **snow** 눈이 오다	· **snowman** 눈사람
· **put on** 입다, 착용하다	· **glove** 장갑(pl. gloves)	· **sweep** 비질하다, 바닥을 쓸다
· **driveway** 차도	· **praise** 칭찬하다	· **freezing** 꽁꽁 얼게 추운

132

첫 눈

오늘 올해의 첫 눈이 왔다. 눈이 많이 내렸다. 나는 눈사람을 만들고 싶었다. 나는 모자를 쓰고 장갑을 꼈다. 나는 아빠가 차도를 비질하시는 것을 도왔다. 아빠가 나를 칭찬하셔서 나는 기분이 좋았다. 방과 후에, 나는 반 친구들과 큰 눈사람을 만들었다. 엄청 추웠다. 하지만 우리는 좋은 시간을 보냈다.

우리말로 읽어보세요!

영어일기가 만만해지는 패턴연습

★ 접속사 so는 원인을 나타내는 문장과 결과를 나타내는 문장을 연결하여 '그래서'라는 의미를 나타냅니다.

★ 'It is cold.'처럼 날씨를 나타내는 문장에서의 it은 별도의 의미가 없는 '비인칭주어'입니다. 'It's 10.(10시예요.), It's dark.(어두워요.)'와 같이 시각과 명암을 나타내는 문장에서도 비인칭주어 it이 쓰인 것이죠.

① **I put on** _____. 나는 ~를 착용했다.

a hat and gloves

a coat

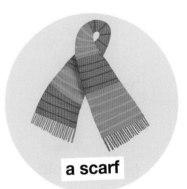

a scarf

I put on a hat and gloves . 나는 모자와 장갑을 착용했다.

_____ a coat. 나는 코트를 입었다.

_____ . 나는 목도리를 둘렀다.

② _____, so I felt good.

~해서 (그래서) 나는 기분이 좋았다.

Dad praised me

Mom gave me a gift

my family went out for dinner

Dad praised me , so I felt good. 아빠가 나를 칭찬해셔서 나는 기분이 좋았다.

Mom gave me a gift, _____.

엄마가 내게 선물을 주셔서 나는 기분이 좋았다.

_____. 가족이 저녁 외식을 해서 나는 기분이 좋았다.

③ **It was** _____. (날씨가) ~했다.

freezing cold

really hot

windy

It was freezing cold . 엄청 추웠다.

_____ really hot . 엄청 더웠다.

_____. 바람이 불었다.

134

괄호 안에 있는 단어를 사용해서 오늘 배운 문장을 다시 써 보세요.
잘 기억이 나지 않으면 앞으로 돌아가 따라 써 보세요.

① 오늘, 올해 첫 눈이 왔다. (the first snow)

② 나는 모자를 쓰고 장갑을 꼈다. (put on, gloves)

③ 나는 아빠가 차도를 비질하시는 것을 도왔다. (help, sweep)

④ 아빠가 나를 칭찬하셔서 나는 기분이 좋았다. (praise, so)

⑤ 나는 반 친구들과 큰 눈사람을 만들었다. (make, with)

⑥ 엄청 추웠다. (it, freezing)

Winter Vacation Is Coming Soon! 겨울 방학이 다가온다!

Tuesday, December 23, Snowy ☃

Winter vacation starts tomorrow!

I love winter vacation because there are many fun things to do!

I can go skating, skiing, and sledding.

I'm going to go skating with Sue tomorrow. Yay!

Next week, I am going to go to my uncle's house in Gangneung.

I will take guitar lessons.

For these reasons,

I like winter vacation the most.

I can't wait for it.

💡 생각해봐요!

· 내가 겨울 방학을 좋아하는 이유는 무엇인가요?
· 나는 어떤 방학 계획이 있나요?

Yay!

expressions

- **winter vacation** 겨울 방학 · **start** 시작하다 · **many** 많은
- **go skating[skiing/sledding]** 스케이트[스키/썰매]를 타러 가다 · **yay** 야호
- **be going to** ~할 예정이다 · **take guitar lessons** 기타 수업을 듣다 · **reason** 이유

겨울 방학이 다가온다!

겨울 방학이 내일 시작한다! 재미있는 것들을 많이 할 수 있어서 나는 겨울 방학을 좋아한다. 나는 스케이트, 스키, 그리고 썰매를 타러 갈 수 있다. 나는 내일 수와 함께 스케이트를 타러 갈 예정이다. 야호! 다음 주에 나는 강릉에 있는 삼촌 댁에 갈 예정이다. 나는 기타 수업을 들을 것이다. 이런 이유들 때문에, 나는 겨울 방학을 가장 좋아한다. 겨울 방학이 너무나 기다려진다.

영어일기가 만만해지는
패턴연습

★ be going to는 가까운 미래에 예정되어 있는 일을 나타냅니다. 미래의 일이나 미래의 일에 대한 의지를 나타내는 will과는 의미가 다름에 주의하세요.
★ '~수업을 듣다'는 동사 'take + 배우는 내용 + lessons'로 표현합니다. 예를 들어, '우쿨렐레 수업을 듣다'는 take ukulele lessons라고 하면 됩니다.

① **I can go** _____ . 나는 ~하러 갈 수 있다.

sledding

fishing

camping

I can go sledding . 나는 썰매 타러 갈 수 있다.

_____ fishing. 나는 낚시하러 갈 수 있다.

_____ . 나는 캠핑하러 갈 수 있다.

② I'm going to _____ tomorrow.

나는 내일 ~할 예정이다.

go skating

see a musical

visit a petting zoo

I'm going to _go skating_ tomorrow.   나는 내일 스케이트를 타러 갈 예정이다.

_____ see a musical _____.

나는 내일 뮤지컬을 볼 예정이다.

_____.   나는 내일 체험 동물원에 갈 예정이다.

③ I will take _____ lessons.   나는 ~수업을 들을 것이다.

guitar

cello

drum

I will take _guitar_ lessons.   나는 기타 수업을 들을 것이다.

_____ cello _____.   나는 첼로 수업을 들을 것이다.

_____.   나는 드럼 수업을 들을 것이다.

괄호 안에 있는 단어를 사용해서 오늘 배운 문장을 다시 써 보세요.
잘 기억이 나지 않으면 앞으로 돌아가 따라 써 보세요.

① 겨울 방학이 내일 시작한다! (winter vacation, start)

_____

_____

② 할 수 있는 재미있는 것들이 많이 있다. (there, many fun things)

_____

_____

③ 나는 썰매를 타러 갈 수 있다. (can, sledding)

_____

_____

④ 나는 내일 수와 함께 스케이트를 타러 갈 예정이다. (be going to, with Sue)

_____

_____

⑤ 나는 강릉에 있는 삼촌 댁에 갈 예정이다. (be going to, in Gangneung)

_____

_____

⑥ 나는 기타 수업을 들을 것이다. (will, take ~ lessons)

_____

_____

⟨Useful Phrases⟩

그림을 보고, 알맞은 단어끼리 연결해서 구를 완성한 후 그 뜻을 생각해 보세요.

MISS	MEDICINE
BRUSH	A BICYCLE
SAVE	A MOVIE
TAKE	ONE'S TEETH
PLAY	A SHOT
WASH	THE BUS
RIDE	THE GUITAR
GET	THE DISHES
WATCH	MONEY

→ 정답은 200쪽에

〈날씨와 관련된 재미있는 표현〉

영어에는 날씨와 관련하여 문장 그대로의 해석과는 다른, 뜻밖의 의미를 가지는 재미있는
관용 표현들이있어요. 사진과 함께 비교해 보면서 어떤 뜻을 나타내는지 생각해 보세요.

It's raining cats and dogs.
비가 억수같이 퍼붓는다.

I'm on cloud nine.
더할 나위 없이 기분이 좋다.

고양이와 개 사이는 우리가 알다시피 서로 원수처럼 만
나면 으르렁 대지요? 마치 고양이와 개가 만났을 때 서
로 으르렁대는 것처럼 비가 시끄럽게 내릴 때를 묘사해
서 이런 표현이 생겼다고 합니다.

여기에서 숫자 9의 의미는 예전에 기상학자들이 구름
이 높게 있을수록 높은 숫자를 붙여 이름 지은 것에
서 유래했다고 해요. 구름 위를 걷는 것을 상상만 해
봐도 행복해지지요? 지금 느끼는 행복을 표현하려면
'Happy'로는 부족하다고 느낄 때! 이 표현을 써요.

I'm under the weather.
나는 몸이 좋지 않아.

I'm snowed under with homework.
나는 해야 할 숙제가 너무 많아.

나는 날씨 아래에 있다? 이 표현은 예전에 뱃사람들
이 항해 중에 멀미를 할 때 궂은 날씨를 피해 배 아래쪽
으로 이동해 회복하도록 했다는 것에서 유래되었다고
해요.

마치 눈 밑에 파묻힌 것처럼 할 일에 파묻혀 있는 모습
을 상상할 수 있는 표현입니다. 할 것이 너무 많아 꼼짝
도 할 수 없을 때 이 표현을 사용해요.

UNIT 32 Health & Exercise

Let's Play Soccer Together! 함께 축구하자!

Thursday, August 2,
Sunny ☀

What a happy day today was!

School finished early today.

I played soccer with my friends.

Playing soccer is my favorite thing to do.

I want to be a soccer player like Son Heungmin.

During the game, Jake passed the ball well.

I kicked the ball and scored a goal.

I felt good when the ball went into the net.

Hurray! Our team won the game.

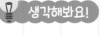
💡 생각해봐요!

· 나의 꿈은 무엇인가요?
· 나는 왜 기분이 좋았나요?

expressions

· **early** 일찍	· **during** ~하는 동안에	· **pass** 공을 패스하다
· **kick** 차다	· **score** 득점을 올리다	· **goal** 득점, 골
· **hurray** 만세	· **go into** ~안으로 들어가다	· **net** 네트, 그물

142

함께 축구하자!

오늘은 진짜 행복한 날이었다! 오늘 학교가 일찍 끝났다. 나는 친구들과 축구를 했다. 축구하는 것은 내가 가장 좋아하는 일이다. 나는 손흥민 같은 축구 선수가 되고 싶다. 경기 중에 제이크는 공을 잘 패스했다. 내가 공을 차서 골을 넣었다. 그 공이 골대에 들어갔을 때, 나는 기분이 좋았다. 만세! 우리 팀이 이겼다.

영어일기가 만만해지는
패턴연습

★ '농구 / 축구 / 배드민턴 등의 운동을 하다'를 표현할 때 'play + basketball / soccer / badminton'이라고 씁니다.
★ 동사가 아닌 전치사로 쓰인 like는 '~같이, ~처럼'이란 의미를 나타내며, 'like + 명사'로 씁니다.

① **I played** _____ **with my friends.**
나는 친구들과 (운동)~를 했다.

soccer

badminton

basketball

I played <u>soccer</u> with my friends.   나는 친구들과 축구를 했다.

_____ badminton _____.   나는 친구들과 배드민턴을 했다.

_____.   나는 친구들과 농구를 했다.

② I want to be a _____ like _____ .

나는 ~같은 ...가 되고 싶다.

**soccer player
/ Son Heungmin**

golfer / Park Inbee

**figure skater
/ Kim Yuna**

I want to be a _soccer player_ like _Son Heungmin_ .

나는 손흥민 같은 축구 선수가 되고 싶다.

_____ a golfer _____ Park Inbee.   나는 박인비 같은 골프 선수가 되고 싶다.

_____ .   나는 김연아 같은 피겨 스케이트 선수가 되고 싶다.

③ I _____ the ball.   나는 공을 (과거의 동작) ~했다.

kicked

threw

caught

I _kicked_ the ball.   나는 공을 찼다.

_____ threw _____ .   나는 공을 던졌다.

_____ .   나는 공을 잡았다.

144

오늘 일기
다시 써 보기

괄호 안에 있는 단어를 사용해서 오늘 배운 문장을 다시 써 보세요.
잘 기억이 나지 않으면 앞으로 돌아가 따라 써 보세요.

① 오늘 학교가 일찍 끝났다. (finish, early)

② 나는 친구들과 축구를 했다. (play soccer)

③ 나는 손흥민 같은 축구 선수가 되고 싶다. (want, like Son Heungmin)

④ 나는 공을 차고 득점을 올렸다. (kick, score a goal)

⑤ 그 공이 골대에 들어갔을 때, 나는 기분이 좋았다. (feel, into the net)

⑥ 만세! 우리 팀이 이겼다. (hurray, win)

I Caught a Cold.

감기에 걸렸어.

Tuesday, November 10,
Cold

Today, I was sick.

Last night I couldn't sleep because of my cough.

I had a fever, too.

I think I caught a cold.

I couldn't go to school.

Mom made me porridge.

I had to take some medicine.

I slept a lot, so I feel better now.

 생각해봐요!

· 나는 어디가 아팠나요?
· 엄마는 무슨 음식을 만들어 주셨나요?

expressions

· **sick** 아픈	· **last night** 어젯밤	· **sleep** 잠자다
· **because of** ~때문에	· **cough** 기침	· **catch a cold** 감기에 걸리다
· **porridge** 죽	· **take medicine** 약을 먹다	· **better** 더 나은, 더 좋은

감기에 걸렸어.

오늘 나는 아팠다. 어젯밤에 나는 기침 때문에 잠을 잘 수 없었다. 나는 열도 났다. 나는 감기에 걸린 것 같다. 나는 학교에 갈 수 없었다. 엄마는 나에게 죽을 만들어 주셨다. 나는 약을 먹어야만 했다. 나는 잠을 많이 잤더니 지금은 훨씬 나은 것 같다.

★ 아픈 증세를 나타낼 때 'have+a fever(열)/a cough(기침) /a runny nose(콧물)'의 형태로 씁니다.
★ 'have to+동사원형'은 '~해야만 한다'는 의미입니다. 여기서는 과거 시제로 'had to+동사원형'으로 쓰였어요.

① **I had** _____ . 나는 ~가 아팠다.

a fever

a runny nose

a cough

I had _a fever_ . 나는 열이 났다.

_____ **a runny nose.** 나는 콧물을 흘렸다.

_____ . 나는 기침을 했다.

② **Mom made me** _____ .

엄마는 나에게 ~를 만들어 주셨다.

porridge

chicken soup

boiled pears

Mom made me porridge .   엄마는 나에게 죽을 만들어 주셨다.

_____ chicken soup.   엄마는 나에게 닭고기 수프를 만들어 주셨다.

_____ .   엄마는 나에게 삶은 배를 만들어 주셨다.

③ **I had to** _____ .   나는 ~해야만 했다.

take some medicine

get a shot

drink warm water often

I had to take some medicine .   나는 약을 먹어야만 했다.

_____ get a shot.   나는 주사를 맞아야만 했다.

_____ .   나는 따뜻한 물을 자주 마셔야만 했다.

148

오늘 일기
다시 써 보기

괄호 안에 있는 단어를 사용해서 오늘 배운 문장을 다시 써 보세요.
잘 기억이 나지 않으면 앞으로 돌아가 따라 써 보세요.

① 오늘 나는 아팠다. (sick)

_____

_____

② 어젯밤에 나는 기침 때문에 잠을 잘 수 없었다. (last night, because of, cough)

_____

_____

③ 나는 열도 났다. (a fever, too)

_____

_____

④ 나는 학교에 갈 수 없었다. (couldn't)

_____

_____

⑤ 엄마는 나에게 죽을 만들어 주셨다. (make, porridge)

_____

_____

⑥ 나는 약을 먹어야만 했다. (have to, medicine)

_____

_____

I Had a Stomachache.

배가 아팠어.

Monday, July 23,
Hot

It was very hot.

I ate ice cream all day.

I had a stomachache.

I think I ate too much ice cream.

I went to see a doctor.

In fact, I am afraid of getting a shot.

I ended up getting a shot.

It hurt a bit.

I will not eat that much

ice cream again.

Ouch!

 생각해봐요!

· 나는 왜 배가 아팠나요?
· 병원에서 무엇을 했나요?

expressions

· **stomachache** 복통	· **too much** 너무 많이	· **see a doctor** 병원에 가다
· **in fact** 사실	· **be afraid of** ~을 두려워하다	· **get a shot** 주사를 맞다
· **end up** 결국 ~하다	· **hurt** 아프다	· **a bit** 조금, 약간

배가 아팠어.

너무 더웠다. 나는 온종일 아이스크림을 먹었다. 나는 배가 아팠다. 내가 아이스크림을 너무 많이 먹었나 보다. 나는 병원에 갔다. 사실, 나는 주사 맞는 것을 무서워한다. 결국 나는 주사를 맞았다. 조금 아팠다. 나는 다시는 아이스크림을 그렇게 많이 먹지 않을 것이다.

영어일기가 만만해지는
패턴연습

★ 'be afraid of+동명사(동사원형+-ing)/명사'는 '~하는 것을/~을 두려워하다'라는 의미를 나타냅니다.
★ 'end up+현재분사(동사원형+-ing)'는 '결국 ~하게 되다'라는 의미입니다. 현재분사는 동사원형에 -ing를 붙인 것으로, '능동·진행'의 의미를 나타냅니다.

① **I am afraid of** _____ .

나는 ~하는 것을/~을 무서워한다.

getting a shot

staying at home alone

big dogs

I am afraid of getting a shot .   나는 주사 맞는 것을 무서워한다.

_____ staying at home alone.

나는 집에 혼자 있는 것을 무서워한다.

_____ .   나는 큰 개들을 무서워한다.

② **I ended up** .... 나는 결국 ~했다.

getting a shot

finding my lost key

reading ten books

I ended up getting a shot . 나는 결국 주사를 맞았다.

.... finding my lost key. 나는 결국 잃어버린 열쇠를 찾았다.

.... 나는 결국 책 열 권을 읽었다.

③ **I will not** .... **again.**

나는 다시는 ~하지 않을 것이다.

eat that much
ice cream

talk in class

be late for school

I will not eat that much ice cream again.

나는 다시는 아이스크림을 그렇게 많이 먹지 않을 것이다.

.... talk in class again. 나는 다시는 수업시간에 떠들지 않을 것이다.

.... 나는 다시는 학교에 늦지 않을 것이다.

오늘 일기
다시 써 보기

괄호 안에 있는 단어를 사용해서 오늘 배운 문장을 다시 써 보세요.
잘 기억이 나지 않으면 앞으로 돌아가 따라 써 보세요.

① 너무 더웠다. (hot)

_____

_____

② 나는 온종일 아이스크림을 먹었다. (eat, all day)

_____

_____

③ 나는 병원에 갔다. (see a doctor)

_____

_____

④ 사실, 나는 주사 맞는 것을 무서워한다. (in fact, be afraid of)

_____

_____

⑤ 결국 나는 주사를 맞았다. (end up)

_____

_____

⑥ 나는 다시는 아이스크림을 그렇게 많이 먹지 않을 것이다. (will, not, again)

_____

_____

I Hate Toothaches.

나는 치통이 싫어.

Saturday, November 31,

Cold

Yesterday one tooth started to hurt.

I think I have a cavity.

Maybe I ate too much candy.

I was scared.

I didn't want to go to the dentist.

Of course my dad took me to the dentist.

One tooth had a cavity.

From now on, I will always brush my teeth well.

Starting today, I am going to

eat less candy.

 생각해봐요!

· 나는 어디가 아팠나요?
· 치과를 다녀와서 나는 어떤 결심을 했나요?

expressions

· **tooth** 이, 치아	· **hurt** 아프다	· **cavity** 충치
· **maybe** 아마도	· **too much** 너무 많은	· **scared** 무서운, 두려운
· **dentist** 치과의사	· **brush** 닦다	· **less** 덜 ~한

나는 치통이 싫어.

어제 이 하나가 아프기 시작했다. 내 생각에 나는 충치가 있다. 아마도 내가 사탕을 너무 많이 먹었나보다. 나는 무서웠다. 나는 치과에 가고 싶지 않았다. 물론 아빠는 나를 치과에 데려가셨다. 이 하나가 썩었다. 이제부터 나는 항상 이를 잘 닦을 것이다. 오늘부터 나는 사탕을 덜 먹으려고 한다.

★ '~에 가고 싶다'는 'want to go to+장소'로 표현하지요. 반대로 '~에 가고 싶지 않다'는 'don't[doesn't] want to go to+장소', 과거일 때는 'didn't want to go to+장소'로 쓰면 됩니다.

★ 가까운 미래에 할일은 'I am going to+동사원형'으로 표현하며 '~할 것이다'라는 의미입니다.

① **I think I have** _____.   내 생각에 나는 ~가 있다.

a cavity

a toothache

healthy teeth

I think I have _a cavity_ .   내 생각에 나는 충치가 있다.

_____ a toothache.   내 생각에 나는 치통이 있다.

_____ .   내 생각에 나는 건강한 치아들이 있다.

② I didn't want to go to _____ .
나는 ~에 가고 싶지 않았다.

the dentist

the hospital

the library

I didn't want to go to ~~the dentist~~ .　나는 치과에 가고 싶지 않았다.

_____ the hospital.　나는 병원에 가고 싶지 않았다.

_____ .　나는 도서관에 가고 싶지 않았다.

③ I am going to _____ .　나는 ~할 것이다.

eat less candy

brush my teeth well

drink lots of water

I am going to ~~eat less candy~~ .　나는 사탕을 덜 먹을 것이다.

_____ brush my teeth well.　나는 이를 잘 닦을 것이다.

_____ .　나는 물을 많이 마실 것이다.

156

괄호 안에 있는 단어를 사용해서 오늘 배운 문장을 다시 써 보세요.
잘 기억이 나지 않으면 앞으로 돌아가 따라 써 보세요.

① 어제 이 하나가 아프기 시작했다. (start, hurt)

_____

_____

② 내 생각에 나는 충치가 있다. (think, a cavity)

_____

_____

③ 나는 치과에 가고 싶지 않았다. (want, the dentist)

_____

_____

④ 물론 아빠는 나를 치과에 데려가셨다. (of course, take, to)

_____

_____

⑤ 나는 항상 이를 잘 닦을 것이다. (always, brush, well)

_____

_____

⑥ 나는 사탕을 덜 먹으려고 한다. (be going to, less)

_____

_____

Amusement Parks Are Fun! 놀이공원은 재밌어!

Sunday, July 12,
Clear ☺

I went to Fun World with my cousins.

First, we rode the roller coaster.

Next, we enjoyed riding the Ferris wheel.

Then we moved to the pirate ship.

We had to wait in line for an hour.

At the end of the day, we saw the parade.

It was fantastic.

I hope we can go back again soon.

 생각해봐요!

· 놀이공원에서 어떤 놀이기구들을 탔나요?
· 놀이공원에서 마지막으로 무엇을 보았나요?

expressions

· **ride** 타다(-rode)	· **roller coaster** 롤러코스터	· **Ferris wheel** 회전 관람차
· **move** 이동하다	· **pirate ship** 바이킹	· **wait in line** 줄을 서 기다리다
· **for an hour** 한 시간 동안	· **parade** 퍼레이드	· **fantastic** 환상적인

놀이공원은 재밌어!

나는 사촌들과 펀월드에 갔다. 첫 번째로, 우리는 롤러코스터를 탔다. 그 다음, 우리는 회전 관람차도 즐겁게 탔다. 그리고서 우리는 바이킹으로 이동했다. 우리는 한 시간 동안 줄을 서서 기다려야 했다. 그날 마지막으로, 우리는 퍼레이드를 보았다. 그것은 환상적이었다. 나는 우리가 곧 다시 가기를 바란다.

★ 동사 ride는 '~을 타다'라는 의미입니다. ride 다음에 roller coaster나 bumper cars 등의 탈것이 오면 되지요. '자전거/스케이트보드를 타다'라고 할 때는 'ride a bike/a skateboard'를 쓰면 됩니다.

★ '~을 해야 한다'는 'have to+동사원형'으로 표현하는데요, '~을 해야 했다'라는 과거는 'had to+동사원형'으로 쓰면 됩니다.

① **We rode** _____. 우리는 ~을 탔다.

the roller coaster

the merry-go-round

the bumper cars

We rode the roller coaster . 우리는 롤러코스터를 탔다.

_____ the merry-go-round. 우리는 회전목마를 탔다.

_____. 우리는 범퍼카를 탔다.

② **We had to** _____. 우리는 ~해야 했다.

wait in line

buy the tickets

take a break

We had to wait in line .　우리는 줄 서서 기다려야 했다.

_____ buy the tickets.　우리는 표를 사야 했다.

_____ .　우리는 쉬어야 했다.

③ **It was** _____. 그것은 (상태)~이었다.

fantastic

scary

boring

It was fantastic .　그것은 환상적이었다.

_____ scary.　그것은 무서웠다.

_____ .　그것은 지루했다.

오늘 일기
다시 써 보기

괄호 안에 있는 단어를 사용해서 오늘 배운 문장을 다시 써 보세요.
잘 기억이 나지 않으면 앞으로 돌아가 따라 써 보세요.

① 첫 번째로, 우리는 롤러코스터를 탔다. (first, ride)

② 그리고서 우리는 바이킹으로 이동했다. (then, move, the pirate ship)

③ 우리는 한 시간 동안 줄을 서서 기다려야 했다. (have to, wait in line)

④ 그날 마지막으로, 우리는 퍼레이드를 보았다. (the end of the day, the parade)

⑤ 그것은 환상적이었다. (fantastic)

⑥ 나는 우리가 곧 다시 가기를 바란다. (hope, go back, soon)

I'm a Movie Fan.

나는 영화 팬이야.

Sunday, December 20,

Windy

I love movies!

I especially like animation movies.

Yesterday, I saw *Coco*.

It is about a boy who wants to be a singer.

The songs were my favorite part of the movie.

I sang along while I watched the movie.

The movie was really touching.

I agree that family is the most important thing in life.

 생각해봐요!

· 오늘 본 영화는 누구에 관한 내용인가요?
· 영화에서 어떤 부분이 가장 좋았나요?

expressions

· **especially** 특히	· **animation movie** 만화 영화	· **yesterday** 어제
· **singer** 가수	· **sing along** (노래를) 따라 부르다	· **while** ~동안에
· **touching** 감동적인	· **agree** 동의하다	· **the most important** 가장 중요한

우리말로
읽어보세요!

나는 영화 팬이야.

나는 영화를 사랑한다! 나는 특히 만화 영화를 좋아한다. 어제, 나는 '코코'를 보았다. 그것은 가수가 되고 싶은 한 소년에 관한 내용이다. 그 영화에서 내가 가장 좋아하는 부분은 노래였다. 나는 영화를 보면서 노래를 따라 불렀다. 영화는 정말 감동적이었다. 나는 가족이 인생에서 가장 중요한 것이라는 점에 동의한다.

영어일기가 만만해지는
패턴연습

★ 영화의 장르를 표현하는 말에는 어떤 것이 있을까요? comedy movies(코미디 영화), animation movies(만화 영화), sci-fi movies(공상 과학 영화), documentary movies(다큐멘터리 영화), action movies(액션 영화) 등이 있답니다.

★ '그것은 ~에 관한 것이다'는 'It is about~'으로 표현합니다. who는 앞에 나온 a boy를 더 자세히 설명해주는 절을 이끄는 관계사입니다. a boy를 설명해주는 절이니, who 뒤에는 a boy를 주어로 하는 동사가 바로 나옵니다.

① I especially like _____ movies.
나는 특히 ~영화를 좋아한다.

animation

action

sci-fi

I especially like <u>animation</u> movies.   나는 특히 만화 영화를 좋아한다.

_____ action _____.   나는 특히 액션 영화를 좋아한다.

_____.   나는 특히 공상 과학 영화를 좋아한다.

② It is about a boy who _____.
그것은 ~한 한 소년에 관한 것이다.

wants to be a singer

wants to be an astronaut

wants to be an actor

It is about a boy who wants to be a singer .   그것은 가수가 되고 싶은 한 소년에 관한 것이다.

_____ wants to be an astronaut.

그것은 우주 비행사가 되고 싶은 한 소년에 관한 것이다.

_____.   그것은 배우가 되고 싶은 한 소년에 관한 것이다.

③ The movie was _____.   그 영화는 ~했다.

touching

boring

funny

The movie was touching .   그 영화는 감동적이었다.

_____ boring.   그 영화는 지루했다.

_____.   그 영화는 웃겼다.

164

괄호 안에 있는 단어를 사용해서 오늘 배운 문장을 다시 써 보세요.
잘 기억이 나지 않으면 앞으로 돌아가 따라 써 보세요.

① 나는 특히 만화 영화를 좋아한다. (especially, animation movies)

② 어제 나는 '코코'를 보았다. (yesterday, see)

③ 그것은 가수가 되고 싶은 한 소년에 관한 것이다. (about, who, want to be)

④ 노래들은 그 영화에서 내가 가장 좋아하는 부분이었다. (songs, my favorite part)

⑤ 나는 영화를 보면서 노래를 따라 불렀다. (sing along, while, watch)

⑥ 영화는 정말 감동적이었다. (touching)

Smartphone Addiction

스마트폰 중독

Sunday, June 28,
Rainy

I love smartphone games.

I cannot stop playing games once I start.

Today my mom got angry because I didn't do my homework.

I had to stop playing. I was so mad.

I hate doing my homework.

I wish I could play games all day long.

 **생각해봐요!**

· 나는 무엇을 멈출 수 없나요?
· 엄마는 왜 화가 나셨나요?

expressions

· **smartphone** 스마트폰	· **stop -ing** ~하는 것을 멈추다	· **play games** 게임을 하다
· **once** 일단 ~하면	· **get angry** 화가 나다	· **do one's homework** 숙제를 하다
· **mad** 화가 많이 난, 미친	· **hate** 싫어하다	· **wish** (이루어지기 힘든 일을) 바라다

스마트폰 중독

나는 스마트폰 게임을 좋아한다. 나는 일단 한번 시작하면 게임하는 것을 멈출 수 없다. 오늘 내가 숙제를 하지 않았기 때문에 엄마는 화가 나셨다. 나는 게임을 멈춰야 했다. 나는 너무 화가 났다. 나는 숙제하는 것이 싫다. 온종일 게임을 할 수 있다면 좋을텐데.

영어일기가 만만해지는
패턴연습

★ '~하는 것을 멈출 수 없다'는 'cannot stop+동명사(동사원형+-ing)'로 표현합니다.

★ 'I wish I could ~'라고 하면 '나도 ~할 수 있다면 좋을 텐데'의 의미가 됩니다. 현실적으로 불가능한 일에 대한 바람을 나타냅니다.

① **I cannot stop** _____.

나는 ~하는 것을 멈출 수 없다.

playing games

picking my nose

biting my nails

I cannot stop _playing games_ .　　나는 게임하는 것을 멈출 수 없다.

_____ **picking my nose.**　　나는 코 파는 것을 멈출 수 없다.

_____ **.**　　나는 손톱 깨무는 것을 멈출 수 없다.

② **I hate** _____. 나는 ~하는 것이 싫다.

doing my homework

cleaning my room

eating vegetables

I hate doing my homework .   나는 숙제하는 것이 싫다.

_____ cleaning my room.   나는 방 청소하는 것이 싫다.

_____.   나는 야채 먹는 것이 싫다.

③ **I wish I could** _____ **all day long.**
온종일 ~할 수 있다면 좋을텐데.

play games

watch TV

sleep

I wish I could play games all day long.   온종일 게임을 할 수 있다면 좋을텐데.

_____ watch TV _____.   온종일 텔레비전을 볼 수 있다면 좋을텐데.

_____.   온종일 잘 수 있다면 좋을텐데.

괄호 안에 있는 단어를 사용해서 오늘 배운 문장을 다시 써 보세요.
잘 기억이 나지 않으면 앞으로 돌아가 따라 써 보세요.

① 나는 스마트폰 게임을 좋아한다. (smartphone games)

② 나는 일단 한번 시작하면 게임하는 것을 멈출 수 없다. (cannot stop, once)

③ 내가 숙제를 하지 않았기 때문에 엄마는 화가 나셨다.
(get angry, because, do my homework)

④ 나는 게임을 멈춰야 했다. (have to, play)

⑤ 나는 숙제하는 것이 싫다. (hate)

⑥ 온종일 게임을 할 수 있다면 좋을텐데. (wish, could, all day long)

A Concert in the Park

공원에서의 콘서트

Wednesday, October 2,
Fine

These days, I love to go to the park.

I went to the park by bicycle today.

I met Yuna there by chance.

She said there was a concert at the park.

I wondered who would be in the show.

I couldn't believe that HIGH band was there.

I saw their performance.

I was so happy that I almost cried.

I want to go to their concert again.

 생각해봐요!

· 나는 공원에 무엇을 타고 갔나요?

· 나는 공원에서 무엇을 봤나요?

expressions

· **bicycle** 자전거	· **by chance** 우연히	· **concert** 콘서트
· **wonder** 궁금해 하다	· **believe** 믿다	· **performance** 공연
· **almost** 거의	· **cry** 울다	· **again** 다시

공원에서의 콘서트

요즘, 나는 공원에 가는 것이 좋다. 나는 오늘 자전거를 타고 공원에 갔다. 나는 그곳에서 우연히 유나를 만났다. 그녀는 공원에서 콘서트가 있다고 말했다. 나는 누가 공연에 나올지 궁금했다. 나는 거기에 HIGH 밴드가 있다는 것을 믿을 수 없었다. 나는 그들의 공연을 보았다. 나는 너무 행복해서 거의 울 뻔했다. 나는 그들의 공연에 다시 가고 싶다.

영어일기가 만만해지는
패턴연습

★ '~를 믿을 수 없다'는 'I can't believe that+주어+동사'로 표현합니다. 과거일 때는 'I couldn't believe that ~'으로 씁니다.

★ 'so+형용사+that+주어+동사'는 '너무 ~해서 …하다'라는 의미를 나타냅니다.

① **I went to the park** _____ .

나는 ~을 타고 공원에 갔다.

by bicycle

by bus

on foot

I went to the park by bicycle . 나는 자전거를 타고 공원에 갔다.

_____ by bus. 나는 버스를 타고 공원에 갔다.

_____ . 나는 걸어서 공원에 갔다.

② I couldn't believe that _____ .

나는 ~을 믿을 수 없었다.

HIGH band was there

our team won

I got a perfect score

I couldn't believe that HIGH band was there .

나는 거기에 HIGH 밴드가 있다는 것을 믿을 수 없었다.

_____ our team won.   나는 우리 팀이 이겼다는 것을 믿을 수 없었다.

_____ .   나는 백점을 맞았다는 것을 믿을 수 없었다.

③ I was so happy that _____ .

나는 너무 행복해서 ~했다.

I almost cried

I shouted aloud

I jumped up and down

I was so happy that I almost cried .   나는 너무 행복해서 거의 울 뻔했다.

_____ I shouted aloud.   나는 너무 행복해서 크게 소리를 질렀다.

_____ .   나는 너무 행복해서 위아래로 뛰었다.

172

괄호 안에 있는 단어를 사용해서 오늘 배운 문장을 다시 써 보세요.
잘 기억이 나지 않으면 앞으로 돌아가 따라 써 보세요.

① 요즘, 나는 공원에 가는 것이 좋다. (these days, love)

_____

_____

② 나는 오늘 자전거를 타고 공원에 갔다. (go, by bicycle)

_____

_____

③ 나는 그 곳에서 우연히 유나를 만났다. (meet, by chance)

_____

_____

④ 나는 거기에 HIGH 밴드가 있다는 것을 믿을 수 없었다. (can't belive, there)

_____

_____

⑤ 나는 너무 행복해서 거의 울 뻔했다. (so happy that, almost)

_____

_____

⑥ 나는 그들의 공연에 다시 가고 싶다. (go, their concert)

_____

_____

A Visit to KidZania
키자니아 방문

Thursday, April 23,
Cloudy

I went to KidZania with my friends.

My dad took us there by car.

We got to know about various jobs.

We also experienced them.

My dream is to be an astronaut.

I got to control a spacecraft there.

I think that I am close to my dream.

💡 생각해봐요!

· 나의 꿈은 무엇인가요?

· 나는 무엇을 체험해 보았나요?

expressions

· **take** 데려다주다	· **get to know** 알게 되다	· **various** 다양한
· **job** 직업	· **experience** 경험하다	· **astronaut** 우주 비행사
· **control** 조종하다	· **spacecraft** 우주선	· **close** 가까운

키자니아 방문

나는 친구들과 키자니아에 갔다. 아빠는 차로 우리를 거기에 데려다주셨다. 우리는 다양한 직업들에 대해 알게 되었다. 우리는 그것들을 체험해 보았다. 내 꿈은 우주 비행사가 되는 것이다. 거기서 나는 우주선을 조종하게 되었다. 나는 내 꿈에 가까워진 것 같다.

영어일기가 만만해지는
패턴연습

★ 'get to+동사원형'은 '~하게 되다'라는 의미입니다. 예를 들어, '알게 되다/조종하게 되다'는 'get to know/get to control'로 나타낼 수 있지요.

★ '내 꿈은 ~이 되는 것이다'는 'My dream is to be+직업'으로 표현합니다. 이와 비슷한 뜻으로 'I want to be+직업'이 있습니다.

① **We got to know about** _____ .

우리는 ~에 대해 알게 되었다.

various jobs

rare plants

traditional Korean houses

We got to know about _various jobs_ . 우리는 다양한 직업들에 대해 알게 되었다.

_____ rare plants. 우리는 희귀 식물들에 대해 알게 되었다.

_____ . 우리는 한국 전통 가옥들에 대해 알게 되었다.

② My dream is to be _____.

내 꿈은 ~이 되는 것이다.

an astronaut

a chef

a fashion model

My dream is to be _an astronaut_ .   내 꿈은 우주 비행사가 되는 것이다.

_____ a chef.   내 꿈은 요리사가 되는 것이다.

_____ .   내 꿈은 패션 모델이 되는 것이다.

③ I got to _____ there.   거기서 나는 ~하게 되었다.

control a spacecraft

cook pizza

pose for the camera

I got to _control a spacecraft_ there.   거기서 나는 우주선을 조종하게 되었다.

_____ cook pizza _____ .   거기서 나는 피자를 요리하게 되었다.

_____ .   거기서 나는 카메라를 향해 포즈를 취하게 되었다.

176

괄호 안에 있는 단어를 사용해서 오늘 배운 문장을 다시 써 보세요.
잘 기억이 나지 않으면 앞으로 돌아가 따라 써 보세요.

① 아빠는 차로 우리를 거기에 데려다주셨다. (take, by car)

② 우리는 다양한 직업들에 대해 알게 되었다. (get to know, various)

③ 우리는 그것들을 체험해 보았다. (also, experience)

④ 내 꿈은 우주 비행사가 되는 것이다. (dream, an astronaut)

⑤ 거기서 나는 우주선을 조종하게 되었다. (get to, a spacecraft)

⑥ 나는 내 꿈에 가까워진 것 같다. (think, close to)

UNIT 41 Interests & Hobbies

My First Time to Fly

나의 첫 비행

Sunday, July 18,
Hot

My family went on a trip to Bali together.

It was my first time to go abroad.

We got on a plane.

I was so excited.

The plane taxied and then took off.

I am going to swim and snorkel tomorrow.

I can't wait to get in the water.

 생각해봐요!

· 가족 여행을 어디로 가나요?

· 나는 내일 무엇을 할 계획인가요?

expressions

· **go on a trip** 여행을 가다
· **first time** 처음
· **go abroad** 해외로 가다
· **get on** ~을 타다
· **excited** 신이 난
· **taxi** 비행기가 이륙하기 위해 천천히 달리다
· **take off** 이륙하다
· **snorkel** 스노클링하다
· **wait to** ~하기를 기다리다

178

나의 첫 비행

우리 가족은 함께 발리로 여행을 갔다. 내가 해외로 가보는 것은 처음이었다. 우리는 비행기를 탔다. 나는 정말 신이 났다. 비행기는 활주로를 달리다가 이륙했다. 나는 내일 수영과 스노클링을 할 예정이다. 나는 빨리 물에 들어가고 싶다.

영어일기가 만만해지는
패턴연습

★ '~하는 것은 처음이다'는 'It is my first time to+동사원형'으로 표현합니다. 과거일 때는 be동사 was를 쓰면 됩니다.
★ '~을 타다'는 'get on+교통수단'으로 표현합니다.

① **It was my first time to** _____.

내가 ~하는 것은 처음이었다.

go abroad

go to a concert

ride a horse

It was my first time to <u>go abroad</u>.   내가 해외로 가보는 것은 처음이었다.

_____ **go to a concert.**   내가 콘서트에 가는 것은 처음이었다.

_____ .   내가 말을 타보는 것은 처음이었다.

② We got on _____ . 우리는 ~을 탔다.

a plane

a helicopter

a cruise ship

We got on a plane . 우리는 비행기를 탔다.

_____ a helicopter. 우리는 헬리콥터를 탔다.

_____ . 우리는 유람선을 탔다.

③ I am going to _____ tomorrow.
나는 내일 ~을 할 예정이다.

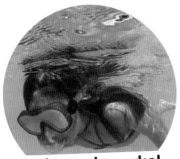
swim and snorkel

ride on a banana boat

go paragliding

I am going to swim and snorkel tomorrow. 나는 내일 수영과 스노클링을 할 예정이다.

_____ ride on a banana boat _____ .

나는 내일 바나나 보트를 탈 예정이다.

_____ . 나는 내일 패러글라이딩을 할 예정이다.

오늘 일기
다시 써 보기

괄호 안에 있는 단어를 사용해서 오늘 배운 문장을 다시 써 보세요.
잘 기억이 나지 않으면 앞으로 돌아가 따라 써 보세요.

① 우리 가족은 함께 발리로 여행을 갔다. (go on a trip, Bali)

② 내가 해외로 가는 것은 처음이었다. (first time, go abroad)

③ 우리는 비행기를 탔다. (get on)

④ 나는 정말 신이 났다. (excited)

⑤ 나는 내일 수영과 스노클링을 할 예정이다. (be going to, swim, snorkel)

⑥ 나는 빨리 물에 들어가고 싶다. (can't wait, get in)

UNIT 42 Special Days

Children's Day 어린이날

Friday, May 5,
Sunny

Today was Children's Day.

My family went to Neverland.

Before we went on any rides, we ate *Gimbap*.

I wanted to ride the roller coaster.

But the line was too long.

We had to wait for an hour.

I was tired, but it was fun.

Back at home, Mom gave me a present.

I was so happy.

I wish every day were
Children's Day.

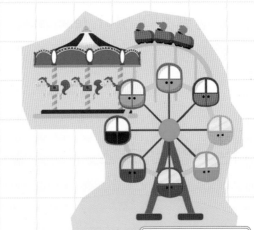

💡 생각해봐요!

· 나는 놀이기구를 타기 전에 무엇을 했나요?
· 집에 돌아와서 어떤 일이 있었나요?

expressions

· **Children's day** 어린이날	· **before** ~전에	· **ride** 놀이기구
· **long** 긴	· **wait** 기다리다	· **tired** 피곤한
· **back at home** 집에 돌아와서	· **present** 선물	· **every day** 매일

182

어린이날

오늘은 어린이날이었다. 우리 가족은 네버랜드에 갔다. 놀이기구를 타기 전에, 우리는 김밥을 먹었다. 나는 롤러코스터를 타고 싶었다. 하지만 줄이 너무 길었다. 우리는 한 시간 동안 기다려야만 했다. 나는 피곤했지만 재미있었다. 집에 돌아와서, 엄마는 내게 선물을 주셨다. 나는 정말 행복했다. 나는 매일이 어린이날이면 좋겠다.

★ '~하기 전에'는 접속사 before을 써서 'before+주어+동사'로 표현합니다. 이때 before가 이끄는 부사절은 문장의 앞뒤에 자유롭게 올 수 있습니다.

★ '~해야만 하다'는 'have to+동사원형'으로 표현합니다. 여기서는 '~해야만 했다'라는 과거이므로 'had to+동사원형'으로 썼어요.

① My family went to _____.

우리 가족은 ~에 갔다.

the amusement park

the botanical gardens

the palace

My family went to the amusement park .   우리 가족은 놀이공원에 갔다.

_____ the botanical gardens.   우리 가족은 식물원에 갔다.

_____ .   우리 가족은 궁에 갔다.

Unit 42 · 183

② **Before we** _____ **, we ate** *Gimbap*.

우리는 ~하기 전에, 김밥을 먹었다.

went on any rides

played badminton

studied at the library

Before we _went on any rides_ , we ate *Gimbap*.　　우리는 놀이기구를 타기 전에, 김밥을 먹었다.

Before we _____ we ate *Gimbap*.

우리는 배드민턴을 치기 전에, 김밥을 먹었다.

_____ .　　우리는 도서관에서 공부하기 전에, 김밥을 먹었다.

③ **We had to** _____ .　　우리는 ~을 해야만 했다.

wait for an hour

pick up the trash

keep our dog outside the store

We had to _wait for an hour_ .　　우리는 한 시간 동안 기다려야만 했다.

_____ **pick up the trash.**　　우리는 쓰레기를 주워야만 했다.

_____ .　　우리는 개를 상점 밖에 두어야만 했다.

① 우리 가족은 네버랜드에 갔다. (go to)

② 놀이기구를 타기 전에, 우리는 김밥을 먹었다. (before, any rides)

③ 우리는 한 시간 동안 기다려야만 했다. (have to, wait)

④ 나는 피곤했지만 재미있었다. (tired, fun)

⑤ 집에 돌아와서, 엄마는 내게 선물을 주셨다. (back at home, a present)

⑥ 나는 매일이 어린이날이면 좋겠다. (wish, Children's Day)

Happy *Chuseok* Day

행복한 추석

Tuesday, September 24,
Windy

Tomorrow is Korean Thanksgiving Day.

Today, my uncle's family visited us.

I was glad to see my relatives again
after a long time.

I helped Mom prepare food all day.

My family made some *Songpyeon* together.

The filling was beans or sesame.

My sister's *Songpyeon* was very pretty.

We went to the cemetery
after the memorial service.

 생각해봐요!

· 내일은 무슨 날인가요?
· 내일을 위해 오늘 어떤 일들을 했나요?

expressions

· **Korean Thanksgiving Day** 추석	· **relative** 친척	· **prepare** 준비하다
· **make** 만들다(-made)	· **filling** 속	· **bean** 콩
· **sesame** 참깨	· **cemetery** 묘소	· **memorial service** 제사

행복한 추석

내일은 추석이다. 오늘, 삼촌 가족이 우리집에 방문했다. 나는 오랜만에 친척들을 다시 만나서 기뻤다. 나는 온종일 엄마가 음식을 준비하시는 것을 도왔다. 우리 가족은 함께 송편을 만들었다. 속은 콩이나 참깨였다. 우리 누나의 송편은 아주 예뻤다. 우리는 제사 후에 성묘를 갔다.

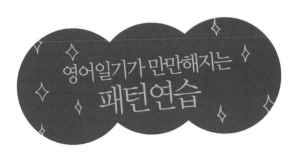

★ '나는 ~해서 기쁘다'는 'I am glad that+주어+동사'로 표현합니다. 과거일 때는 be동사 was를 씁니다.

★ '~가 …하는 것을 돕다'는 'help+사람+동사원형'으로 표현합니다.

① **I was glad to** _____. 나는 ~해서 기뻤다.

see my relatives again after a long time

take a picture with him

get your reply

I was glad to see my relatives again after a long time.

나는 오랜만에 친척들을 다시 만나서 기뻤다.

_____ **take a picture with him.** 나는 그와 사진을 찍어서 기뻤다.

_____. 나는 네 답장을 받아서 기뻤다.

Unit 43 · 187

② **I helped Mom** _____ .

나는 엄마가 ~하는 것을 도왔다.

prepare food

wash the dishes

arrange the books

I helped Mom _prepare food_ .   나는 엄마가 음식을 준비하시는 것을 도왔다.

_____ wash the dishes.   나는 엄마가 설거지 하시는 것을 도왔다.

_____ .   나는 엄마가 책을 정리하시는 것을 도왔다.

③ **My family made some** _____ **together.**

우리 가족은 함께 ~을 만들었다.

Songpyeon

hotcakes

dumplings

My family made some _Songpyeon_ together.   우리 가족은 함께 송편을 만들었다.

_____ hotcakes _____ .   우리 가족은 함께 핫케이크를 만들었다.

_____ .   우리 가족은 함께 만두를 만들었다.

괄호 안에 있는 단어를 사용해서 오늘 배운 문장을 다시 써 보세요.
잘 기억이 나지 않으면 앞으로 돌아가 따라 써 보세요.

① 오늘, 삼촌 가족이 우리집에 방문했다. (visit)

_____

_____

② 나는 오랜만에 친척들을 다시 만나서 기뻤다. (my relatives, after a long time)

_____

_____

③ 나는 온종일 엄마가 음식을 준비하시는 것을 도왔다. (help, prepare)

_____

_____

④ 우리 가족은 함께 송편을 만들었다. (make, some *Songpyeon*)

_____

_____

⑤ 속은 콩이나 참깨였다. (the filling, beans, sesame)

_____

_____

⑥ 우리는 성묘를 갔다. (go, the cemetery)

_____

_____

The Best Halloween Party Ever!
최고의 핼러윈 파티!

Friday, October 30, Sunny

We had a Halloween party at my English academy.

Everyone wore different costumes.

I dressed up as Dracula.

Minho dressed up as a mummy.

I said to him, "You look scary."

At my academy, my classmates and

I said, "Trick or treat!" to our teacher.

Our teacher gave us candies

and chocolates.

The Halloween party was

really FUN!

Trick or treat?

💡 생각해봐요!

· 나는 핼러윈 파티에서 어떤 분장을 했나요?
· 친구들과 선생님은 어떤 놀이를 했나요?

expressions

· **Halloween** 핼러윈	· **academy** 학원	· **different** 다른
· **costume** 의상	· **dress up** 옷을 차려 입다	· **Dracula** 드라큘라
· **mummy** 미라	· **trick or treat** 사탕을 주지 않으면 장난 칠 거야	· **scary** 무서운

최고의 핼러윈 파티!

우리는 영어 학원에서 핼러윈 파티를 했다. 우리 모두 다른 의상을 입었다. 나는 드라큘라처럼 차려입었다. 민호는 미라처럼 차려 입었다. 나는 그에게 "너 무서워 보여."라고 말했다. 학원에서 반 친구들과 나는 선생님께 "사탕을 안 주면 장난 칠 거예요."라고 말했다. 선생님은 우리에게 사탕과 초콜릿을 주셨다. 핼러윈 파티는 정말 즐거웠다!

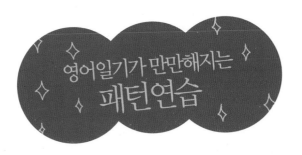

영어일기가 만만해지는
패턴연습

★ 전치사 as는 뒤에 명사가 와서 '~처럼, ~로서'의 의미를 가집니다. 'dress up as~'는 '~처럼 차려입다'라는 의미를 나타냅니다.
★ '너는 ~해 보이다'는 'You look+형용사'로 표현합니다.

① **I dressed up as** _____ .

나는 ~처럼 차려입었다.

Dracula

a ghost

a witch

I dressed up as Dracula .   나는 드라큘라처럼 차려입었다.

_____ **a ghost.**   나는 유령처럼 차려 입었다.

_____ .   나는 마녀처럼 차려입었다.

② **You look** _____. 너는 (상태)~해 보여.

scary

cute

funny

You look _scary_ . 너는 무서워 보여.

_____ cute. 너는 귀여워 보여.

_____ . 너희들은 우스꽝스러워 보여.

③ **Our teacher gave us** _____.
선생님은 우리에게 ~을 주셨다.

candies and chocolates

snacks

boiled eggs

Our teacher gave us _candies and chocolates_ . 선생님은 우리에게 사탕과 초콜릿을 주셨다.

_____ snacks. 선생님은 우리에게 과자를 주셨다.

_____ . 선생님은 우리에게 삶은 계란을 주셨다.

192

① 모두 다른 의상을 입었다 (different, costumes)

② 나는 드라큘라처럼 차려입었다. (dress up, as)

③ 민호는 미라처럼 차려입었다. (Minho, a mummy)

④ 너 무서워 보여. (look, scary)

⑤ 선생님은 우리에게 사탕과 초콜릿을 주셨다. (give)

⑥ 핼러윈 파티는 정말 즐거웠다! (the Halloween party)

UNIT 45 Special Days

Merry Christmas!
메리 크리스마스!

Sunday, December 24,
Snowy

Today is Christmas Eve!

Christmas is my favorite time of the year.

There are many good things about Christmas.

First of all, I love Christmas carols.

I often sing Christmas carols.

Second, I like to give and receive Christmas cards.

I usually make them by myself.

I am glad that people love them.

Most of all, I love to get Christmas gifts.

I won't be able to sleep tonight.

생각해봐요!

· 오늘은 무슨 날인가요?
· 내가 크리스마스를 좋아하는 세 가지 이유는 무엇인가요?

expressions

· **first of all** 우선	· **carol** 크리스마스 캐럴	· **often** 종종
· **second** 둘째	· **receive** 받다	· **usually** 주로
· **by myself** 나 스스로, 나 혼자서	· **most of all** 무엇보다도	· **be able to** ~할 수 있다

메리 크리스마스!

오늘은 크리스마스 이브이다! 크리스마스는 일년 중 내가 가장 좋아하는 때이다. 크리스마스에는 좋은 점이 많이 있다. 우선, 나는 크리스마스 캐럴을 좋아한다. 나는 크리스마스 캐럴을 자주 부른다. 둘째, 나는 크리스마스 카드를 주고 받는 것을 좋아한다. 나는 주로 그것들을 직접 만든다. 사람들이 그것들을 좋아하는 것이 기쁘다. 무엇보다도, 나는 크리스마스 선물 받는 것을 좋아한다. 나는 오늘 밤 잠을 잘 수 없을 것이다.

영어일기가 만만해지는
패턴연습

★ '~에는 좋은 점이 많이 있다'는 'There are many good things about+대상'으로 표현합니다.
★ '~하는 것을 좋아하다'는 'like+to+동사원형'으로 표현합니다. 'to+동사원형' 대신에 '동명사(동사원형+-ing)'를 써도 같은 의미입니다.

① There are many good things about _____.
~에는 좋은 점이 많이 있다.

Christmas

Chuseok

Children's Day

There are many good things about Christmas.   크리스마스에는 좋은 점이 많이 있다.

_____ *Chuseok*.   추석에는 좋은 점이 많이 있다.

_____.   어린이날에는 좋은 점이 많이 있다.

② I like to _____ . 나는 ~하는 것을 좋아한다.

give and receive Christmas cards

eat _Songpyeon_

go to the amusement park

I like to give and receive Christmas cards .

나는 크리스마스 카드를 주고 받는 것을 좋아한다.

_____ eat _Songpyeon_.   나는 송편 먹는 것을 좋아한다.

_____ .   나는 놀이공원에 가는 것을 좋아한다.

③ I won't be able to _____ .
나는 ~할 수 없을 것이다.

sleep tonight

eat sweets anymore

get up early tomorrow

I won't be able to sleep tonight .   나는 오늘 밤 잠을 잘 수 없을 것이다.

_____ eat sweets anymore.   나는 더는 단 것을 먹을 수 없을 것이다.

_____ .   나는 내일 일찍 일어나지 못할 것이다.

196

괄호 안에 있는 단어를 사용해서 오늘 배운 문장을 다시 써 보세요.
잘 기억이 나지 않으면 앞으로 돌아가 따라 써 보세요.

① 크리스마스는 일년 중 내가 가장 좋아하는 때이다. (favorite time, of the year)

② 크리스마스에는 좋은 점이 많이 있다. (good things, about)

③ 우선, 나는 크리스마스 캐럴을 좋아한다. (first of all, carols)

④ 나는 크리스마스 카드를 주고 받는 것을 좋아한다. (give, receive)

⑤ 나는 주로 그것들을 직접 만든다. (usually, by myself)

⑥ 나는 오늘 밤 잠을 잘 수 없을 것이다. (won't, be able to)

Unit 45 · 197

〈At School〉

다음 사진을 보고 알맞은 단어를 써서 퍼즐을 완성하세요.

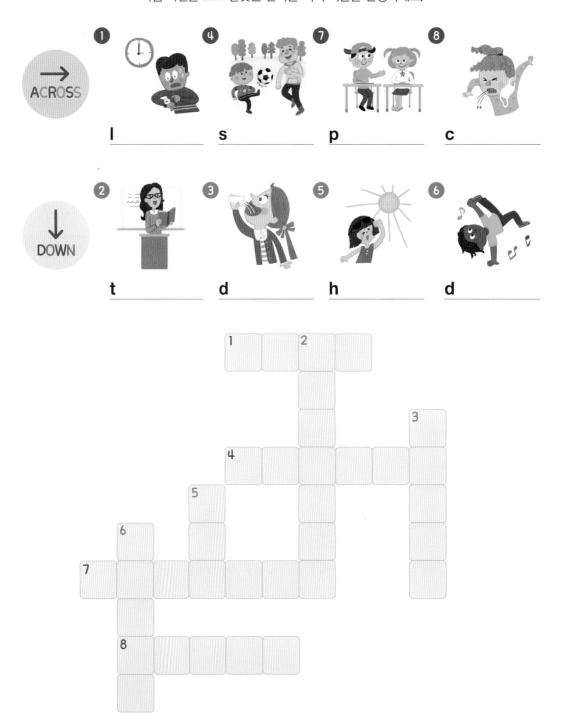

ACROSS

l _____   s _____   p _____   c _____

DOWN

t _____   d _____   h _____   d _____

→ 정답은 200쪽에

〈재미있는 의성어〉

우리말의 "풍덩!", "뛰뛰빵빵" 처럼 영어에도 소리를 나타내는 의성어가 있답니다.
그림을 보면서 우리말의 어떤 소리를 나타내는 말인지 생각해 보세요.

· Sniff, Sniff 킁킁	· Koff koff 콜록콜록	· Splash! 첨벙첨벙	· Ouch! 아얏!
· Gulp gulp 꿀꺽꿀꺽	· Toot-toot! 뚜뚜(나팔소리)	· Clank! 쨍그랑	· Choo choo 칙칙폭폭
· Pop! 펑	· tick-tock 똑딱똑딱	· Beep! 빵빵(자동차경적)	· burp 꺼억(트림소리)

Answers

본문 정답 확인

본문의 정답을 별도 PDF 파일로 제공합니다. 옆의 QR코드를 스캔하여 바로 정답을 확인할 수 있습니다.
또는 길벗스쿨 e클래스(eclass.gilbut.co.kr)의 도서 부가자료 메뉴에서 전체 파일을 다운로드 할 수 있습니다.

WORD SEARCH p.72

(왼쪽 위부터 순서대로)

climb 오르다 **laugh** 소리 내 웃다

eat 먹다 **cry** 울다 **read** 읽다

play 연주하다 **sing** 노래하다 **walk** 걷다

WORD MATCH p.140

miss the bus 버스를 놓치다
brush one's teeth 이를 닦다
save money 저금을 하다
take medicine 약을 먹다
play the guitar 기타를 연주하다
wash the dishes 설거지를 하다
ride a bicycle 자전거를 타다
get a shot 주사를 맞다
watch a movie 영화를 보다

CROSSWORD PUZZLE p.199

→ **ACROSS** 가로   ↓ **DOWN** 세로

1. late (늦은)   2. teacher (선생님)
4. soccer (축구)   3. drink (마시다)
7. partner (짝)   5. hot (더운)
8. cough (기침)   6. dance (춤추다)

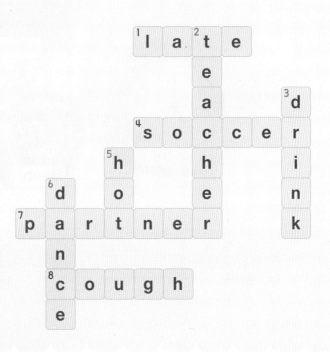

기적 영어 학습서

기본이 탄탄! 실전에서 척척!
유초등 필수 영어능력을 길러주는 코어 학습서

유아 영어

재미있는 액티비티가 가득한
4~6세를 위한 영어 워크북

4세 이상

5세 이상

6세 이상

6세 이상

파닉스 완성 프로그램

알파벳 음가 → 사이트 워드
→ 읽기 연습까지!
리딩을 위한 탄탄한 기초 만들기

6세 이상 전 3권

1~3학년

1~3학년 전 3권

영어 단어

영어 실력의 가장 큰 바탕은 어휘력!
교과과정 필수 어휘 익히기

1~3학년 전 2권

3학년 이상 전 2권

영어 리딩

패턴 문장 리딩으로 시작해
정확한 해석을 위한 끊어읽기까지!
탄탄한 독해 실력 쌓기

2~3학년 전 3권

3~4학년 전 3권

4~5학년 전 2권

5~6학년 전 2권

영어 라이팅

저학년은 패턴 영작으로,
고학년은 5형식 문장 만들기 연습으로
튼튼한 영작 실력 완성

2학년 이상 전 4권

4학년 이상 전 5권

5학년 이상 전 2권

6학년 이상

영어일기

한 줄 쓰기부터 생활일기,
주제일기까지!
영어 글쓰기 실력을 키우는 시리즈

3학년 이상

4~5학년

5~6학년

영문법

중학 영어 대비, 영어 구사
정확성을 키워주는 영문법 학습

4~5학년 전 2권

5~6학년 전 3권

6학년 이상

초등 필수 영어 무작정 따라하기

초등 시기에 놓쳐서는 안 될 필수 학습은 바로 영어 교과서!
영어 교과서 5종의 핵심 내용을 쏙쏙 뽑아 한 권으로 압축 정리했습니다.
초등 과정의 필수학습으로 기초를 다져서 중학교 및 상위 학습의 단단한 토대가 되게 합니다.

| 1~2학년 | 2~3학년 | 2~3학년 | 3학년 이상 | 4학년 이상 |

미국교과서 리딩

문제의 차이가 영어 실력의 차이! 논픽션 리딩에 강해지는 《미국교과서 READING》
논픽션 리딩에 가장 좋은 재료인 미국 교과과정의 주제를 담은 지문을 읽고, 독해력과
문제 해결력을 두루 향상시킬 수 있도록 구성한 단계별 리딩 프로그램

| LEVEL 1 | LEVEL 2 | LEVEL 3 | LEVEL 4 | LEVEL 5 |
| 준비 단계 | 시작 단계 | 정독 연습 단계 | 독해 정확성 향상 단계 | 독해 통합심화 단계 |